Literarische Reise durch Persien

Frédéric
Ramade
Alexandre
Bailhache

Literarische Reise durch Persien

Auf den Spuren von Pierre Loti, Robert Byron und Annemarie Schwarzenbach

Aus dem Französischen von Bernadette Ott

KNESEBECK

بسم الله الرحمن الرحيم

Inhalt

LINKE SEITE:
Persische Künstler waren Meister der Kalligrafie. In verschlungenen arabischen Schriftzeichen schmücken die Verse des Koran die gekachelten Wände der Moscheen, umrankt von Blumen und Blütenzweigen in fein abgestuften Farbtönen.

Vorwort

Persien – Geschichte eines dreitausend Jahre alten Landes

Des Himmels Regen hat die Blütezeit erneut,
Als ob ihn selbst des Gartens Blumenduft erfreut;
Ich schütte roten Wein in lilienschlanken Kelch,
Wie dunkle Wetterwolke Blütenregen streut.
(Aus den Gesängen des Omar Khayyam)

Persien, das Land der weiten Hochebenen, ist ein Land an der Grenze – an der Grenze des Orients, an der Grenze Arabiens, an der Grenze Asiens. Gerade dadurch war es zu allen Zeiten Kreuzungspunkt verschiedener Kulturen und zugleich Objekt der Begierde nicht nur für die zahlreichen Reisenden späterer Zeiten, sondern zunächst vor allem für die Eroberer, die das Land mit ihren Kriegen überzogen.

Wie Indien und China zählt auch Persien zu den ältesten heute bekannten Zivilisationen. Seine Ursprünge reichen bis in die Mitte des zweiten Jahrtausends vor Christi Geburt zurück, jenem Zeitpunkt, an dem die ersten altpersischen Stämme, die so genannten Arier, von Südwest-Asien aus auf die Hochebene einwanderten. Bis zum sechsten Jahrhundert blieb das Land unter der Herrschaft der alten Perser und der Meder, war jedoch immer wieder gezwungen, Angriffe von Seiten der Assyrer abzuwehren. Im Jahr 550 vor Christus vereinte Kyros II., der Große, die Stämme zu einem Königreich. Aus der Reihe seiner ruhmreichen Nachfolger muss besonders Dareios I., auch Dareios der Große genannt, hervorgehoben werden. Unter ihm erreichte das persische Hoheitsgebiet seine größte Ausdehnung und erstreckte sich von den Küsten des Mittelmeers bis an die Ufer des Ganges. Doch dieses weite, schwer zu regierende Land fiel bald fremden Mächten anheim. Mit Alexander dem Großen an der Spitze gelang es den Griechen im Jahr 330 vor Christus, Persien in ihr eigenes Großreich einzugliedern. Die Herrscherdynastien, die folgten, die Seleukiden und die Parther, brachten die griechische Zivilisation ins Land, und es entstand eine Kultur, in der sich verschiedene Einflüsse mischten. Die Eroberungszüge von Nomaden, später auch der Römer als der neuen führenden Macht am Mittelmeer, aber auch Streitigkeiten und Intrigen am persischen Hof führten dazu, dass eine neue Dynastie, die Sassaniden, die Herrschaft übernahm. Das Reich erstrahlte wieder im alten Glanz, und verloren gegangene Territorien wie Palästina und Ägypten wurden zurückerobert.

Aber auch diese Dynastie musste sich einer neu erstehenden Macht beugen, den Arabern, die unter der Fahne ihres Propheten zu gewaltigen Eroberungszügen aufbrachen. Wenige Jahre nach dem Tod Mohammeds 632 nach Christus stießen sie in den Iran vor und prägten die Kultur des Landes nachhaltig. Das arabische Alphabet ersetzte das alte Alphabet der Aramäer, die altpersische zoroastrische Religion wich dem Islam. Doch trotz der starken arabischen Einflüsse blieben viele frühere kulturelle Prägungen erhalten, so blieb beispielsweise die persische Sprache in Satzbau und Grammatik weiterhin der indo-europäischen Sprachfamilie verhaftet. Auch sind die Iraner bis heute mehrheitlich schiitischer Religionszugehörigkeit. Zwar berufen sich die Schiiten mit dem Koran auf denselben heiligen Text und den gleichen Propheten wie die Sunniten, doch es gibt zwischen

Linke Seite:
Gärten sind beliebte Motive der persischen Miniatur- und Fayencemalerei.

Oben:
Nach seinem Sieg über die Achämeniden wurde Alexander der Große als Held der persischen Geschichte anerkannt. Die Illustration von 1526 zeigt ihn mit Turban. (Bibliothèque nationale, Paris.)

Unten:
Im 17. Jahrhundert erlebte Persien eine besonders glanzvolle Epoche seiner Geschichte, in der auch die Künste und das Kunsthandwerk zu großer Blüte gelangten. Die feinen Miniaturmalereien jener Zeit prägten das Bild persischer Kultur und persischer Sitten im Westen. Der Mythos vom reichen, märchenhaften Orient entstand. Persische Miniatur aus der Zeit Schah Abbas' des Großen, um 1620.
(Schenkung Earl of Powis.)

beiden Richtungen gravierende Unterschiede. So erkennt der schiitische Islam als Nachfolger des Propheten Mohammed nur zwölf Imame an, die von Gott unmittelbar eingesetzt wurden und von denen der letzte im Jahr 874 verstarb. Die Verehrung, welche die Schiiten jedem dieser Imame entgegenbringen, steht im Widerspruch zu den religiösen Grundsätzen des Sunnismus, und anders als die Sunniten leben die Schiiten in der Erwartung des Jüngsten Tages, an dem der letzte der zwölf Imame zur Erde herabsteigen wird, um die Gläubigen zu retten.

Auf die Araber folgten die Seldschuken, ein türkischer Stamm, der in der Mitte des 11. Jahrhunderts von Nordwesten kommend eingewandert war. Zwei Jahrhunderte später mussten auch sie neuen Eroberern weichen: Dschingis Khan und seinen Horden, die große Teile des gesamten iranischen Nordens verwüsteten. Unfähig, eine langlebige Dynastie zu gründen, waren die Nachkommen des großen Khan bald gezwungen, sich einem weiteren Despoten zu unterwerfen: Tamerlan, dessen Reich sich am Ende seiner Herrschaft von der heutigen Türkei bis nach Indien erstreckte. Die Timuriden, das Geschlecht, das er begründete, konnten sich jedoch nur ein knappes Jahrhundert halten. Nach achthundert Jahren unter fremder Herrschaft schaffte Anfang des 16. Jahrhunderts erstmals wieder ein aus Persien stammendes Adelsgeschlecht den Aufstieg an die Macht, die Safawiden, deren erster Herrscher Schah Ismail I. war. Seine Nachkommen regierten das Land bis 1736, und Persien erstrahlte in diesem Zeitraum in neuem Glanz. Vor allem Isfahan, das zur Hauptstadt des Reichs ernannt wurde, erlebte eine neue Blütezeit.

Wieder folgten Jahre voller Unruhe. Die Geschlechter der Afscharen, der Zand und der Kadscharen trugen erbitterte Kämpfe aus, aus denen schließlich die Kadscharen siegreich hervorgingen und dem Land im ausgehenden 18. Jahrhundert eine halbwegs friedliche Epoche bescherten. Einfluss und Macht der Kadscharen gingen in der Folge jedoch stetig zurück, bis schließlich die letzte der persischen Herrscherdynastien an die Macht kam, jene der Pahlawi.

Ihr Begründer war Reza Khan, ein Offizier niedrigen Ranges, der kaum lesen und schreiben konnte und an der Spitze einer Kosakenbrigade die Herrschaft übernahm. 1979 wurden die Pahlawi schließlich durch eine Revolution vom Thron gestoßen. Im Zuge dieser von Geistlichen angeführten Volksbewegung etablierte sich schnell eine neue staatliche Macht, die von den religiösen Führern kontrolliert und streng auf den Koran verpflichtet wurde: die Islamische Republik Iran.

Das Abendland und der Zauber des Orients

Während seiner langen und bewegten Geschichte sah das persische Reich auch viele Fremde ins Land kommen, die friedlichere Absichten hegten. Von den Reisenden, die Persien durchquerten, ist Marco Polo sicherlich der berühmteste. Die ausführliche Beschreibung seiner Reise nach Indien erschien 1298 unter dem Titel *Le livre des merveilles du monde* (dt.: Die Wunder der Welt). Ab dem 16. Jahrhundert, mit der Erneuerung des persischen Reichs unter den Safawiden, sind weitere Schriftzeugnisse überliefert, die auf ihre Weise den sagenumwobenen Ruf des orientalischen Landes weiter verbreiteten. So beeindrucken die Berichte des Chevalier Jean Chardin, der als Gesandter des französischen Königs Ludwig XIV. an den Hof von Schah Abbas II. gereist war, durch ihre Fülle an Fakten und ihre lebendigen Schilderungen. Die Verse des persischen Dichters Hafis wiederum erlangten durch Goethes Nachdichtungen im *West-östlichen Divan* auch im Westen Berühmtheit und weckten das Interesse an persischer Dichtung.

Das 18. und 19. Jahrhundert sollte viele europäische Reisende nach Persien bringen. Die alte Geschichte des Landes, seine fremdartigen Sitten und Gebräuche übten eine ganz eigene Faszination aus, was sogar soweit führte, dass an den europäischen Höfen und in den großbürgerlichen Salons eine Zeitlang ein »persischer Stil« Mode war. Montesquieus *Persische Briefe* sind das wohl sinnfälligste Beispiel der Fantasievorstellungen, die zu jener Zeit im Umlauf waren. Das ganze 19. Jahrhundert hindurch war Persien Reiseziel namhafter Forscher. Besonders zu erwähnen ist hierbei das französische

Ehepaar Jane und Marcel Dieulafoy, beide Archäologen, unter deren Leitung die umfangreichen Ausgrabungen in Susa stattfanden. Ihnen sind wertvolle Exponate des Louvre zu verdanken. Aber auch Graf Gobineau, der sich fast drei Jahre in den abgelegenen Gegenden Zentralasiens aufhielt, darf nicht vergessen werden, genauso wenig wie Major Percy Sykes, der in den acht Jahren, die er in Persien verbrachte, mit großer Sorgfalt die Sitten und Gebräuche der Bewohner beschrieb.

Mit Beginn des 20. Jahrhunderts, als Persien sich immer stärker nach außen öffnete, veränderte sich auch die allgemeine politische und wirtschaftliche Situation. Der Niedergang der Dynastie der Kadscharen, die geografische Lage im Brennpunkt unterschiedlicher geopolitischer Interessen sowie im Jahr 1908 die Entdeckung von großen Erdölvorkommen durch die Briten taten ein Übriges. Eine so genannte konstitutionelle Revolution fand im Jahr 1906 statt und führte zum ersten Parlament, das sich aus Mitgliedern der wichtigsten Adelsfamilien und schiitischen Geistlichen zusammensetzte. 1921 ging die Regierungsgewalt in die Hände des Despoten Reza Khan über, der den amtlichen Namen des Landes im Jahr 1934 in Iran abänderte. Um die eigene Macht zu festigen und mit einem Anschein von Legitimität zu versehen, setzte das neue Regime auf den Nationalstolz der Perser und verwies auf die Arier als ferne Urahnen des Volkes, um den neuen Namen zu rechtfertigen. Während dieser bewegten Jahrzehnte nach 1900 wagten sich weiterhin viele westliche Reisende nach Persien und suchten im Landesinnern aus ganz unterschiedlichen persönlichen Motiven nach Freiheit und Abenteuer. Von all jenen, die damals das Land kreuz und quer bereisten, verdienen zwei Männer und eine Frau ganz besondere Aufmerksamkeit, weil ihre Reiseberichte literarisch von Bedeutung und darüber hinaus von einem sehr persönlichen Blick auf das Land geprägt sind.

Von Persien zum Iran – drei literarische Zeugnisse

Der erste Schriftsteller, dessen Reise durch Persien nachgezeichnet werden soll, ist Pierre Loti: Literat, Offizier und Reisender aus Leidenschaft, dessen Romane großteils den Spuren seiner eigenen Wanderschaft folgen. Er kommt 1900 nach Persien. Das Land wird zu jenem Zeitpunkt von einem der letzten Herrscher aus der Dynastie der Kadscharen regiert: Schah Mozaffar od-Din, der mehr an seinem Harem, an der Fotografie und an Reisen ins Ausland interessiert ist als an Staatsgeschäften. Deren Verwaltung überträgt er ab 1901 in weiten Teilen an Joseph Naus, einen belgischen Abenteurer, der vor allem für sich selbst Reichtümer aufhäufte und beim Volk entsprechend verhasst war. Pierre Loti kümmern die zeitgenössischen politischen Verhältnisse wenig. Er ist in das Land gekommen, um das sagenumwobene Persien zu entdecken und seinen eigenen ästhetischen Neigungen und Fantasien nachzugehen. In seiner Reiseerzählung *Nach Isfahan* wird er später das romantische, verklärte Bild eines Landes erstehen lassen, das noch unberührt von der Moderne ist.

Drei Jahrzehnte später, im Jahr 1933, als der Despot Reza Khan sich als erster aus der Dynastie der Pahlawi zum Schah hatte ausrufen lassen, betritt ein junger Mann das Land, der Erstaunliches vorhat: Er will Persien und das benachbarte Afghanistan durchqueren, um dort die historischen Wurzeln der islamischen Architektur und den Einfluss der präislamischen persischen Bauten zu erforschen. Robert Byron lautet der Name des jungen Forschers, der nicht nur Schriftsteller, sondern auch ein begabter Maler und Fotograf ist. Sein großartiger Reisebericht, den er unter dem Titel *The Road to Oxiana* veröffentlicht, gibt eindrucksvoll die Suche nach den Ursprüngen der islamischen Architektur wieder.

Nur wenige Monate nach dem englischen Schriftsteller bricht auch Annemarie Schwarzenbach zum ersten Mal nach Persien auf, und ihre Annäherung an dieses Land der weiten, wilden Hochebenen wird sie – noch weitaus stärker als ihn – in ihre eigenen, inneren Welten führen. Vor der eigenen Familie auf der Flucht, aber auch vor den politischen Umwälzungen im alten Europa, unternimmt die Schweizer Schriftstellerin mehrere Reisen in das Land und hält sich auch für längere Zeit in der Hauptstadt Teheran auf. Sie verfasst darüber zahlreiche Artikel sowie einen Roman mit dem Titel *Das glückliche Tal*, in dem sie vom Einfluss der überwältigenden Natur auf ihre eigene innere Zerrissenheit berichtet.

Als Annemarie Schwarzenbach 1939 zusammen mit ihrer Schweizer Gefährtin Ella Maillart zu ihrer letzten Reise in den Orient aufbricht, heißt das Land nicht mehr Persien, sondern Iran. Ein neues Kapitel der Geschichte bricht an.

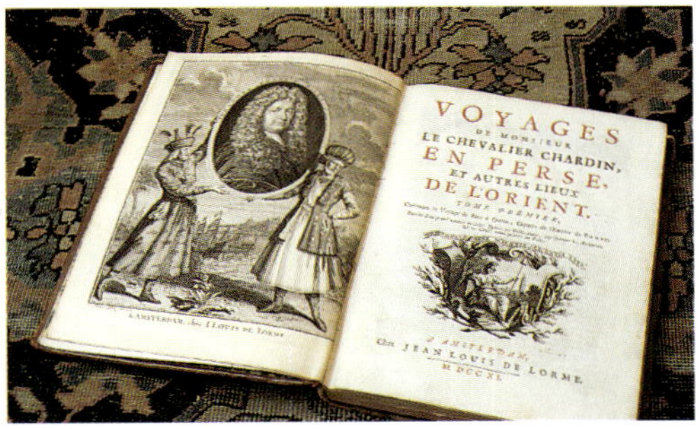

GANZ OBEN: Porträt eines Würdenträgers aus der Epoche der Kadscharen. Zu Beginn des 20. Jahrhunderts nutzten die Fayencemaler auch Fotografien als Vorlagen für ihre Bildnisse, hier eine der Kacheln des Tekkieh Khaneh in Kermanschah.

OBEN: Reich illustriertes, seltenes Exemplar des Reiseberichts von Jean Chardin aus dem 17. Jahrhundert. Seine Beschreibungen sollten viele Reisende späterer Jahrhunderte beeinflussen.
(Französische Botschaft, Teheran.)

Pierre Loti

Persien – ein verlorenes Paradies

»Ich versichere Ihnen, dass ich selbst nicht so recht weiß, wohin diese Reise mich führen wird ... Der Kurs zeigt gen Orient, und dorthin bewege ich mich, doch ohne genaues Ziel, so wie es mir eben gefällt – nach Persien vielleicht ... Es sei denn, ich lande anderswo.«

Pierre Loti war Mitglied der Académie française und Schriftsteller – vor allem aber Marineoffizier und Weltreisender. Auf dem Rückweg von einer offiziellen Reise nach Indien beschließt er, Persien zu erkunden. Zu jenem Zeitpunkt hat sich das Land noch kaum der Moderne geöffnet, die wenige Jahre später vieles verändern sollte. Auf der Suche nach den glanzvollen Zeugnissen der persischen »Renaissance« des 17. Jahrhunderts reist er quer durch das Land und findet in Isfahan, wohin er seine Sehnsucht vornehmlich gerichtet hatte, seinen Traum für Augenblicke erfüllt.

Linke Seite:
Märchenzauber in einem Haus in Buschehr, dem Hafenort am Persischen Golf. Pierre Loti verließ dort sein Schiff, um zu seiner Reise durch die gebirgige Wüste aufzubrechen.

Pierre Loti, Offizier und zugleich Mitglied der Académie française, war ein Reisender aus Leidenschaft. Bekannt ist vor allem sein Aufenthalt in Istanbul, der ihm den Stoff für seinen Roman *Aziadeh* lieferte, die Geschichte einer unglücklichen Liebe. Loti, ein Dandy und Ästhet mit Sinn für Verkleidungen und üppiges Dekor, verkörpert damit ganz das Frankreich des ausgehenden 19. Jahrhunderts, dessen Literatur heute oft als überladen und altmodisch empfunden wird. Pierre Lotis Werke sind jedoch zu Unrecht fast in Vergessenheit geraten. Einer aufmerksamen Lektüre erschließen sich »Fragmente jener unendlichen Sprache, die nichts erzählt und in der sich doch Unerhörtes und Dunkles ereignet«, wie Roland Barthes in seinem Vorwort zu *Aziadeh* schreibt.
Pierre Loti, der mit bürgerlichem Namen Julien Viaud hieß, wird 1850 in Rochefort im Departement Charente-Maritime geboren. Er entscheidet sich für eine Laufbahn beim Militär, besucht die staatliche Marineakademie und dient dann als Offizier, wo er im Laufe der Jahre in höhere Ränge aufsteigt. Dieser Berufsweg bringt ständige Reisen in ferne Städte und Länder mit sich, so nach Dakar und Tahiti. 1877 folgt der erste Aufenthalt in Istanbul, dessen Erlebnisse in den zwei Jahre später veröffentlichten Roman *Aziadeh* einfließen. Ab 1880 erscheinen – ebenfalls unter dem Pseudonym Pierre Loti – die ersten Artikel in Zeitungen und Zeitschriften, vor allem in *Le Monde illustré*. Seinen ersten Roman veröffentlicht er 1881: *Der Spahi*. In den beiden folgenden Jahrzehnten hält er sich mehrmals für längere Zeit in Asien auf, wo er Vietnam, China und Japan besucht. Er bereist Syrien, den Libanon und erneut die Türkei. Während dieser Jahre schreibt er weiter Zeitungsartikel und Romane. Ein umfangreiches literarisches Werk entsteht, für das er als jüngstes Mitglied, das je Zugang zu dem erlauchten Kreis gefunden hat, in die Académie française gewählt wird. Im Jahr 1900 schifft er sich nach Indien ein, wo er dem Maharadscha von Travancore für seine besonderen Verdienste eine Auszeichnung der Akademie überreichen soll. Er beschließt, auf seiner Rückreise nach Europa Persien zu bereisen, jenes sagenumwobene Land, von dem er in den Reiseerzählungen seiner berühmten Vorgänger Chardin und Gobineau gelesen hatte. Vorher aber durchquert er einige Monate lang Indien und fasst seine Betrachtungen über das Land in einem sehr realitätsnahen Reisebericht zusammen, dem er den Titel *L'Inde (sans les Anglais)* gibt. In ihm verleiht er seiner Enttäuschung über die missglückte Annäherung an ein schwieriges, von Hungersnöten geplagtes Land Ausdruck. Vergebens hatte er dort die Wurzeln der Menschheit zu finden gehofft. Bombay verlässt er fluchtartig, als dort eine Pestepidemie ausbricht und kehrt nach Kalkutta zurück, von wo er wenig später in See sticht. Sein Ziel: Persien.
Im April erreicht das Schiff die persische Küste und legt im Hafen von Buschehr an, nachdem es zuvor tagelang an der Steilküste entlanggesegelt war, die wie eine Barriere zwischen dem persischen Golf und der weiten Hochebene im Landesinnern aufragt. »Eine Mauer, die um die ganze Welt zu reichen schien«, wie Loti später schreibt, »und die uns nicht von der Seite wich, bald in rötliches Licht getaucht, dann wieder tiefblau.« Fünf Monate zuvor war Pierre Loti von Marseille aus aufgebrochen und er weiß, dass ihn dort bei seiner Rückkehr unangenehme Auseinandersetzungen mit seinen militärischen Vorgesetzten erwarten. Die zum privaten

OBEN:
»Ein großer Segelkahn, den wir in Bandar-Buschehr geheuert hatten, hat uns hier ausgeworfen, an das glühende Gestade des Persischen Golfs, an der Schwelle einsamer Wüsteneien …«
(Pierre Loti, *Nach Isfahan*)

RECHTE SEITE:
Nach langen Verhandlungen mit den Karawanenführern macht sich Loti nachts auf den Weg, als endlich der Mond durch die schwarzen Wolken bricht und »eine blutrote Spur vom Wasser des Persischen Golfs bis zum fernen Schattenriss der Berge zeichnet, welche wir bald überschreiten werden«.
(Pierre Loti, *Nach Isfahan*)

Vergnügen unternommene Reise durch Persien soll ihm noch einen gewissen Aufschub verschaffen. Doch zunächst ist der Empfang, den Persien ihm bereitet, auch nicht freundlicher als zuvor der in Indien, denn seine Ankunft bringt einige Unannehmlichkeiten mit sich. Die örtlichen Behörden fürchten, dass die Pest auch nach Persien eingeschleppt werden könnte, und stecken Loti und seinen Sekretär zunächst fünf Tage lang in Quarantäne: »Allein auf einer Insel im Sumpf, zu der ein Kahn uns jeden Abend zu Essen brachte, kaum genug, um nicht zu verhungern.« Wahrscheinlich war es dieser quälende Aufenthalt in Quarantäne – Tage, in denen die beiden Männer unter schwüler, feuchter Hitze litten –, der Loti über die Hafenstadt Buschehr nur mit abschätzigem Missfallen urteilen ließ. Seine Vorgänger, deren Besuche noch nicht weit zurücklagen, hatten mehr Interesse gezeigt. So bemerkte etwa Major Sykes, dass »die Stadt selbst, wie auch ihre Bewohner, zur einen Hälfte persisch, zur anderen Hälfte arabisch ist und zunehmend an Bedeutung gewonnen hat, seitdem Bandar-e Abbas als Warenumschlagplatz zu unsicher wurde«. Die Archäologin Jane Dieulafoy hielt sich dagegen mehr bei den architektonischen Besonderheiten der Stadt auf: »Die Einwohner verzichten darauf, das Erdgeschoss ihrer Häuser für Wohnräume zu nutzen, vielmehr sind dort nur Kellergewölbe, welche die darüber gelegenen Schlafzimmer und Talare abstützen sollen. Die letztgenannten Räume erhalten ihr Licht von jeweils mehreren, bis zum Boden reichenden Fenstern, welche sich auf die Terrasse öffnen, als die das Sockelgeschoss dient. Dank der Vielzahl der Fenster ist es immer möglich, dasjenige zu öffnen, aus dessen Richtung der Wind kommt, und so eine gewisse Abkühlung zu erzielen. Die Hitze, welche überaus drückend und schwül ist, wäre sonst vollends unerträglich.« Loti tätigt lediglich einige Einkäufe auf dem Basar und verlässt Buschehr mit seinen hohen Mauern so schnell wie möglich, um zum Sammelplatz der Karawanen zu gelangen, der weit außerhalb der Stadt liegt, fern von den Sümpfen, die den Hafen zum damaligen Zeitpunkt umgeben. Er besteigt nochmals ein Schiff, das ihn an einem unfruchtbaren und kargen Teil der Küste absetzt, von dem aus sich die langen Reihen der Maultiere und Kamele langsam in Bewegung setzen. Sie alle ziehen der hoch aufragenden Felswand entgegen, welche den Anfang der iranischen Hochebene markiert.

Erste Begegnungen

»In der Dämmerung liegt unser Nomadengepäck verstreut umher, von Gischt durchnässt und trostlos anzuschauen«

Loti ist schnell klar, welche beiden Hauptmerkmale seine Reise durch Persien prägen werden: die Geduld, die notwendig ist, um sich dem Rhythmus seiner Begleiter anzupassen, und die Einsamkeit, die ihn befällt, kaum dass sich die Karawane quer durch die kargen Ebenen, die ihn noch von der Hochebene trennen, in Bewegung gesetzt hat. Doch er beschreibt auch immer wieder begeistert die Menschen, die er unterwegs trifft – wenn es ihm auch nicht möglich ist, zu ihnen dieselben Beziehungen aufzubauen, wie ihm dies mit den Bewohnern Istanbuls gelungen war. Die Art, in der er den ersten Eindruck von den drei Soldaten wiedergibt, welche ihn auf der ersten Wegstrecke seiner Reise begleiten, mag dafür aufschlussreich sein: »Im Schein der beiden kleinen Laternen (…) sind hohe schwarze Hüte über fein geschnittenen Gesichtern zu sehen, lange Haare und lange Schnurrbärte, um die Taille eng

anliegende Roben und weite Ärmel, die wie Flügel herabhängen …« Von der ersten, nächtlichen Etappe seiner Reise – tagsüber war die Hitze zu groß für körperliche Anstrengungen – vermittelt er ein Bild aus Grautönen, schwarzen Schatten und dem Geklingel von Glöckchen, die von den Maultieren und Kamelen fremder Karawanen herübertönen. Ein unwirkliches, wie aus einem unruhigen Traum stammendes Bild, das sicher auch der übergroßen Müdigkeit des Reisenden zuzuschreiben ist. Vor den Mauern eines kleinen Forts angelangt, sinkt Loti im Mondlicht sofort in den langersehnten Schlaf – auf dem Feldbett wohlgemerkt, dass ihm einer seiner Diener zuvor aufgestellt hat. Denn wenn ihm auch der Sinn nach Abenteuern steht, wie er selbst von sich sagt, so will er doch auf einen gewissen Luxus nicht verzichten. Was im übrigen für alle Reisenden seiner Zeit gilt. Nicht weniger als sechs bis sieben Maultiere sind auf den Fotografien, die ihn auf Reisen zeigen, zu zählen, und sie tragen ausschließlich das schwere Gepäck seiner Person. Die Lasten, die sie transportieren müssen, werden mit jedem einzelnen Zwischenaufenthalt größer, denn Pierre Loti ist ein äußerst begeisterter Sammler und schwärmt für schöne, alte Gegenstände.

Am ersten Morgen seiner Reise durch Persien wird der Schriftsteller von der stechenden Sonne geweckt. Das Nachtlager war unter freiem Himmel, vor den Mauern eines kleinen, befestigten Dorfes aufgeschlagen worden, und in dieses flüchtet er nun, um den Tag im Schatten eines Hauses zu verbringen und erst in der Nacht den Weg fortzusetzen. Dieser allererste Tag verstreicht langsam, reglos in der Hitze brütend, die kaum noch zu ertragen ist. Erleichtert und voller Ungeduld bricht Loti gegen acht Uhr abends wieder auf. Die Landschaft wirkt auf ihn noch feindlicher und ausgedörrter als in der Nacht zuvor. Nichts stört die Einsamkeit des Reisetrupps, von einzelnen Dattelpalmen und verstreuten Oasen abgesehen. Langsam und zielstrebig bewegt sich die kleine Karawane über die trostlose Ebene auf die lang gestreckte Gebirgskette zu, die den Horizont versperrt. Aber sie scheint nicht näher rücken zu wollen und zwischen den Zeilen der Aufzeichnungen Lotis ist eine gewisse Mutlosigkeit zu erkennen. Der Marsch mit den Tieren ist beschwerlich, das Gelände ist felsig und zerklüftet, und sogar die Maultiere kommen ins straucheln.

»Schwarze Kappen und schwarze Bärte; dunkle assyrische Gesichter, von der Sonne und vom Gebirgswind gegerbt; lange blaue Gewänder, die um die Hüften von einem Patronengurt gehalten werden. Sie riechen nach wildem Tier und nach Wüstenminze. Um sich zu setzen oder sich auszustrecken, haben sie wunderbare Teppiche bei sich, die sie unter ihrem Sattel falten.«
(Pierre Loti, *Nach Isfahan*)

Schwieriges Vorwärtskommen

»Eine steile Wand von dunklem Braun, deren Falten, Löcher, Höhlen der Mond rücksichtslos bloßstellt …«

Gegen Mitternacht liegt die Gebirgskette endlich unmittelbar vor dem Schriftsteller, doch in dieser Nacht muss er sich noch damit zufrieden geben, mehrere Stunden an ihr entlangzureiten. Die Hitze, zu der noch aufsteigender Schwefeldunst hinzukommt, wird immer unerträglicher. Loti sehnt sich nach der Kühle der Oase zurück, welche die Gruppe einige Stunden zuvor verlassen hatte, und liefert von der Landschaft, die er durchquert, ein geradezu Furcht erregendes, übersteigertes Bild: »Diese leblosen Felsmassen atmen uns eine drückende Hitze entgegen, die sie während des

Tages von der erbarmungslosen Sonne aufgesogen haben oder die sie vielleicht auch von einem großen unterirdischen Feuer entleihen, denn sie riechen nach Schwefel, nach Glut und nach Hölle. Ein Dantesches Höllengebirge.« Bald führt der Weg durch enge Felsschluchten, und das Vorwärtskommen wird immer beschwerlicher. Aufgrund der ständigen Müdigkeit, von der Loti zu Beginn der Reise immer wieder schreibt, gaukeln ihnen die nächtlichen Schatten außerdem so manche Täuschung vor: »Wir träumen von der Oase, dem Dorf Dalaki, wo unsere Mühsal ein Ende haben wird. Schon hundert Mal glaubten unsere müden, schläfrigen Augen Häuser und Bäume zu sehen, aber immer waren es nur Felsen und mageres Gestrüpp.« Die einfache Karawanserei, zu der die Gruppe an ihrem Ziel schließlich gelangt, hätte Loti unter anderen Umständen sicherlich enttäuscht. In dieser Nacht aber begrüßt er sie wie ein Wunderwerk.

Am Morgen darauf erwacht der Schriftsteller einigermaßen erholt und ausgeruht. Der Ort liegt höher als jener am Tag zuvor, und die Temperaturen versprechen darum angenehmer zu werden. Loti hofft, dass sich die Strapazen der Reise nun mindern werden, doch diese Hoffnung ist nur von kurzer Dauer. Nach einem Ruhetag in der Karawanserei von Dalaki gilt es erneut, auf und ab durch Schluchten und von Schwefeldunst erfüllte Täler zu ziehen, um allmählich auf die Hochebene zu gelangen. Die Stimmung ist diesmal nicht weniger unheimlich. Der Gebirgszug wirkt riesig und un-

Oben:
Auch heute führen nur wenige Straßen durch das felsige Gebiet, das die Küste vom Hochland trennt. Abseits von ihnen ist es fast unmöglich, den zerklüfteten ehemaligen Meeresgrund zu durchqueren.

Folgende Doppelseite:
Eine der zahlreichen Steinbrücken aus der Zeit von Schah Abbas, die über Gebirgsflüsse führen, welche bei Regen wild anschwellen können.

nahbar, ja feindlich, als wahre er irgendein Geheimnis. Lotis Tagebuchaufzeichnungen, die das Geschehen noch unmittelbarer nachzeichnen als die später überarbeitete Reiseerzählung *Nach Isfahan*, geben die unruhige Atmosphäre dieser Nacht anschaulich wieder: »Von Zeit zu Zeit blicken wir uns um, rufen wir einander, zählen wir durch, ob wir noch alle beieinander sind, die Soldaten, meine übrigen Gefährten und ich; wir rücken enger zusammen, und unser Atem geht schwer – in den Schluchten ist ab und an ein fernes Grollen der unterirdischen Gewässer zu hören, von Sturzbächen und Wasserfällen.« Nach mehreren Stunden eines beschwerlichen und gefährlichen Aufstiegs ist die Schlucht durchschritten. Loti findet sich vor einer senkrechten Felswand wieder, die dreihundert oder vierhundert Meter hoch vor ihm aufragt. Er kann nirgends einen Einstieg in den Fels erkennen, seine Führer sind ihrer Sache jedoch ganz sicher, der Weg führt durch diese Wand. Als Loti die Felsen nochmals ganz genau in Augenschein nimmt, entdeckt auch er den schmalen Steig, auf dem der Höhenzug erklommen werden soll. Das Unterfangen erscheint ihm darum nicht weniger tollkühn. Trotz seiner Zweifel setzt sich die Karawane in Bewegung, und bald befindet er sich mitten in der Schwindel erregend steilen Wand. In der beunruhigenden Dunkelheit bewegt sich der Tross langsam vorwärts, immer wieder lösen sich unter den Hufen der Tiere Steine. Nach zwei quälenden, angsterfüllten Stunden ist er endlich am oberen Kamm der Felswand angelangt, und befindet sich auf »einer Ebene, die tausend bis zwölfhundert Meter über dem Meeresspiegel liegt, und anstelle der Wüste, die wir hinter uns gelassen haben, erstreckt sich hier eine blühende Landschaft, mit Kornfeldern und duftendem Heu«. Im Dorf Konar Takhte findet Loti gastliche Unterkunft und kann die Ängste und Mühen dieser Tour de force vergessen. Vor dem Fenster hört er am Morgen die Schwalben zwitschern und blickt auf blühenden Oleander und Granatäpfelbäume, die ihn auf die üppigen Gärten des Landes einstimmen.

Die Nomaden von Fars

»Es ist dies unsere erste Begegnung mit den Nomaden, die zu Tausenden im Süden Persiens leben …«

Am nächsten Tag, an dem die Reisenden einen weiteren steilen und gefährlichen Aufstieg durch eine Felswand vor sich haben, entdeckt Loti die ersten Nomaden. Er beschreibt sie als »aufsässige, plündernde Horden, die mit der Waffe in der Hand von den sesshaften

Dörflern Schutzgeld erpressen, manchmal auch befestigte Städte belagern.« Wenn auch dieses Bild stark überzeichnet, ja eher karikierend wirkt, so steckt darin doch ein wahrer Kern. Denn die Nomaden leisteten der politischen Zentralgewalt gegenüber tatsächlich erbitterten Widerstand. Die Herrscher wiederum, beispielsweise Schah Naser od-Din, der von 1848 bis 1896 regierte, zwangen die wilden und wenig religiösen Nomaden immer wieder, ihre angestammten Gebiete zu verlassen, und versuchten so, ihre Macht zu brechen.

Nach dem Ort zu schließen, an dem die Begegnung stattfand, müssen es Nomaden vom Stamm der Qaschqai gewesen sein, auf die Loti traf. Sie schlagen im Winter gewöhnlich ihre Lager unterhalb der Hochebene auf, in der Nähe der Stadt Borazdschan. Im Sommer führen sie ihre Wanderungen quer durch die Provinz Fars, die Schiraz umgibt. Pierre Loti, von der kargen Landschaft und den bedrohlich allgegenwärtigen Gebirgszügen spürbar in gedrückte Stimmung versetzt, kann in den Nomaden nichts anderes sehen als arme Hirten in dürftigen Behausungen, mit denen er sich nicht weiter befasst. Jane Dieulafoys genaue Beschreibung vom Weben eines Teppichs zeugt da von mehr Interesse. Diese Tätigkeit ist bei den Nomadenstämmen allein den Frauen vorbehalten, welche »ohne Vorzeichnungen und allein durch die Überlieferung angeleitet arbeiten. (...) Jede von ihnen weiß wenige, kaum variierte Muster zu weben, deren Geheimnis von Mutter zu Tochter weitervererbt wird. Genauso verhält es sich mit den Techniken des Färbens, für das natürliche Farbstoffe verwendet werden. (...) Die gefärbten Wollstränge werden rings um die Zelte zum Trocknen aufgehängt, und ihre Farben sind unverwüstlich: Sie sind abwechselnd der Sonne und dem Regen ausgesetzt, doch das kann ihnen nichts anhaben. Sie bleichen so wenig aus, dass ein daraus gefertigter Teppich, nachdem ihn schon zwei oder drei Generationen in Gebrauch hatten und sogar ihre Toten in ihn eingewickelt hatten (...), immer noch schön, wenn auch nicht mehr ganz sauber ist und unsere Be-

Linke Seite, rechts und folgende Doppelseite:
»Jedes Jahr im April setzt eine große Wanderbewegung der Nomadenstämme ein, hin zu den grasbewachsenen Hochebenen des Nordens. Im Herbst kehren sie wieder in die Gegend am Persischen Golf zurück.«
(Pierre Loti, *Nach Isfahan*)

Die Nomaden vom Stamm der Qaschqais führen bis heute dieses Wanderleben. Sie ziehen mit ihren Viehherden durch die karge Ebene und die Frauen weben ihre weithin bekannten Teppiche.

Hinter hohen Mauern und mächtigen Toren verborgen liegen die reich verzierten Häuser von Schiraz, der für ihre Teppiche und ihre Gärten berühmten Stadt.

wunderung hervorruft ...« Das Teppichweben ist auch heute noch eine der wichtigsten Einnahmequellen dieser inzwischen friedlichen Nomadenstämme, die nach wie vor durch das Hochland ziehen.
Die Karawane des Schriftstellers lässt die Nomaden hinter sich und folgt den vielen Windungen des Wegs am Fluss Schahpur entlang. Danach ist noch ein weiterer steiler Aufstieg zu bewältigen, bevor sie schließlich die nächste Station ihrer Reise, Konarise erreicht. Das Dorf überrascht Loti durch seine altertümliche Idylle und lässt ihn wieder hoffen, das Persien seiner Träume zu finden. Wie verzaubert kommt dieser Ort ihm vor. Seine Neigung zu romantischer Verklärung, die Sehnsucht nach Welten, die noch unberührt von der modernen Zivilisation geblieben sind, findet hier endlich Nahrung: »Welch eigentümlicher Zauber des Orients und vergangener Zeiten umfängt dieses kleine Dorf, dem wir uns nach Mitternacht überraschend nähern und das da so weltvergessen unter seinen hohen Palmen daliegt, so erfüllt von einfachen, traditionellen Weisen. Ich wüsste es nicht zu sagen (...). Das Leben ist hier wie zu alten Zeiten. Dieses kleine, verlorene Dorf hat sich eine glückliche, stille Abgeschiedenheit bewahrt, behütet erst durch brennend heiße Wüsten und dann durch zwei, drei Stufen wilder Berge und Abgründe. Ach, welche Ruhe in allem! Und welcher Gegensatz zu Indien, das wir vor noch nicht langer Zeit verlassen haben. Das arme, entweihte, geplünderte Indien, in dem die Ausbeutung der Handarbeit in vollem Gange ist, in dem schon der schreckliche Keim der Fabriken und des Eisens wütet, wo das Volk in den Städten schon gehetzt ist und leidet, angetrieben von den Peitschenhieben hektischer Herren aus dem Westen, die Tropenhelme tragen und Anzüge in Khaki!«
In den folgenden Tagen zieht der Schriftsteller weiter durch hoch gelegene, weite Täler, in denen die Luft kühler wird und wo auf den Feldern grüner Klee wächst, so dass Loti sich an seine Heimat im fernen Europa erinnert fühlt. Zahlreiche Dörfer liegen auf dem Weg der kleinen Karawane: Kazerun, in dem ihn die Gärten voller blühender Orangenbäume das schmutzige Zimmer vergessen lassen, oder auch Myah-Kotal, das so hoch auf einem Felsen liegt, dass jeder Blick auf die Landschaft ringsum ein Schwindelgefühl hervorruft. Sie treffen auf weitere Nomadenstämme, die dabei behilflich sind, eines der Maultiere wieder auf die Füße zu bringen, und die Loti entsprechend wohlwollender zur Kenntnis nimmt. Am siebten Tag der ermüdenden Reise, in der Loti manchmal das Schlimmste befürchtet hatte, ist endlich die lang ersehnte Ebene von Schiraz erreicht.

Schiraz, Stadt der Gärten

»Land des Sa'di, Land der Rosen ... Das Gras dort ist dicht und mit Blumen übersät; die Scharen von Pappeln gruppieren sich wie zu Laubengängen, von einem weichen, tiefen Grün ...«

Als sie Schiraz erreichen, ist es jedoch schon Nacht, und Loti muss vorerst mit einer erbärmlichen Karawanserei außerhalb der Mauern Vorlieb nehmen und sich noch gedulden, bevor er die Stadt in all ihrer Pracht erkunden kann. Zu jener Zeit befindet sich in Schiraz weder ein Hotel noch eine kleinere Pension, Loti hat jedoch ein Empfehlungsschreiben an den örtlichen Vorsteher der Kaufleute bei sich, der ihm bei der Suche nach einer Unterkunft behilflich sein soll.
Am folgenden Morgen trifft er diesen in den Räumen der Karawanserei. Die Unterredung findet auf Türkisch statt, einer Sprache, die Loti fließend beherrscht und die auch viele der persischen Würdenträger sprechen, die selbst türkischer Herkunft sind. Schließlich bietet der Vorsteher dem Schriftsteller als Unterkunft eines der Häuser an, die er selbst in der Stadt besitzt. Loti willigt ein, entlässt seine einheimischen Reisebegleiter, findet Träger für sein Gepäck und wartet dann in der Karawanserei ungeduldig da-

rauf, den Schlüssel zu seiner neuen Behausung zu erhalten. Um vier Uhr nachmittags wird er ihm endlich ausgehändigt, und Loti taucht in das Gewirr der dunklen Gassen der Stadt ein, von der er jedoch zunächst nichts als die Mauern rund um die Häuser und ihre Gärten sieht.

»Das Halbdunkel wurde immer düsterer, vor einer alten, eisenbeschlagenen Tür mit einem riesigen Klopfer machten wir Halt: dies sollte meine Bleibe sein. Zunächst ein dunkler Gang, ein verstaubter und baufälliger Haupttrakt; doch dann, welch eine Überraschung, ein sonnenbeschienener Innenhof, ein Becken mit fließendem Wasser, umgeben von blühenden Orangenbäumen; im hinteren Teil ein kleines, zweistöckiges Haus, ganz neu und ganz weiß, in dem ich jetzt eingeschlossen bin – für wie lange Zeit, weiß ich noch nicht. Denn es ist einfacher nach Schiraz hineinzugelangen als es wieder zu verlassen, sagt ein persisches Sprichwort.«

Das Haus hat nicht ganz den Zauber, den der Schriftsteller sich erhofft hatte, doch es bietet ihm eine einigermaßen behagliche und ruhige Unterkunft. Nur die reglose Stille, die über der ganzen Stadt liegt, eine Stille, die Loti aus anderen islamischen Ländern schon vertraut ist, wirkt bedrückend auf ihn.

Doch die melancholische Stimmung, in die der Schriftsteller häufiger gerät, dauert nicht lange an. Schon am nächsten Morgen ist unser Reisender geschäftig in den Gassen der Stadt unterwegs, auf der Suche nach Teppichen und Kissen, mit denen er seine nüchterne Unterkunft ausschmücken will. Zurück in der Heimat sollen sie die Ausstattung einiger Räume in orientalischem Stil ergänzen, die er in seinem Haus in Rochefort plant. Loti passiert mehrere Durchgänge, in denen sich die Menschen drängen, folgt mit seinen Blicken den Frauen, die in Tschadors gehüllt hinter hohen Mauern verschwinden, und gelangt schließlich in den großen Basar der Stadt. »Es beginnt mit engen, krummen und dunklen Gassen, in denen man sich vor Löchern und Kotpfützen hüten muss, bevor man an die tausend kleinen Verkaufsstände kommt. Danach schließen sich breite, gerade, ebenmäßige Straßen an, die von runden Kuppeln überwölbt werden, welche sich in schier endloser Folge aneinander reihen, und zum ersten Mal glaubt man hier, tatsächlich in einer großen Stadt zu sein. (...) Entlang dieser Straßen sind die Händler nach ihrem Gewerbe nebeneinander versammelt, wie es orientalischer Brauch ist. (...) In der trüb beleuchteten Straße der Kupferschmiede, in der ein ständiges Hämmern zu hören ist, machten wir Halt, um Kannen für unseren täglichen Gebrauch zu

VORANGEHENDE SEITE: Der Tee ist das wichtigste Getränk des Landes. Er wird auf russische Art mit einem Samowar zubereitet und in kleinen Gläsern serviert. Dazu werden bei privaten Besuchen Früchte und Gebäck gereicht – traditionelle Zeichen der persischen Gastfreundschaft.

kaufen, Kannen wie sie hier allgemein üblich sind, doch von einer unvergleichlichen Anmut, einer Form, die vor sehr langer Zeit erfunden und niemals verändert wurde. Auch wurden überall Bündel rosafarbener Rosen und blühende Orangenzweige verkauft.«

Nach seinen verschiedenen Einkäufen, für die er zahlreiche Winkel des Basars durchstreift hat, findet Loti sich schließlich auf einem freien, sonnigen Platz wieder, in dessen hinterem Teil eine kleine Moschee mit einer rosenfarbenen Säulenhalle erbaut ist. Loti ist davon ganz entzückt, als Ungläubiger darf er sie jedoch nicht betreten, und so begnügt er sich damit, sie von der schattigen Sitzbank eines Teehauses aus zu betrachten, wo er eine Kalian, eine Wasserpfeife, raucht. Die Atmosphäre ist gelassen und heiter, die Leute beobachten ihn mit Wohlwollen, und so kann der Schriftsteller sich endlich dem friedlichen Zauber eines Landes hingeben, von dem er schon lang geträumt, dessen raue Wirklichkeit ihn aber bis jetzt vor harte Prüfungen gestellt hat.

OBEN: »Von allen Seiten sind jetzt die Glocken der Maultiere zu hören, welche hastig der Karawanserei zustreben, sowie die mit geschlossenen Lippen hervorgestoßenen Rufe der Maultiertreiber, die allesamt munter und unverzagt ankommen.« (Pierre Loti, *Nach Isfahan*) Die meisten der Karawansereien, die heute kaum mehr benutzt werden, sind inzwischen dem Verfall preisgegeben.

Wieder in sein Haus zurückgekehrt, hält das Vergnügen, das ihm die Einrichtung der Räume bereitet, nicht lange vor. Um Mitternacht und ihrer reglosen Stille wächst seine Unruhe. Seine Einsamkeit scheint ihm grenzenlos. Das alte Persien jener Zeit – in vieler Hinsicht gilt dies auch für den Iran von heute – und vor allem die Städte im Landesinneren öffnen sich nur schwer gegenüber Fremden. Das eigentliche Leben spielt sich hinter den hohen Mauern der Häuser ab, in denen sich Familienangehörige und nahe Freunde versammeln. Die öffentlichen Räume dienen lediglich zur Abwicklung der Geschäfte, zu banalen alltäglichen Verrichtungen, zum Warenumschlag... Die Enttäuschung unseres Reisenden ist nur zu verständlich. Das zart umsponnene Persien seiner Träume ist ihm ganz nahe und erscheint doch unzugänglicher als je zuvor.

Der nächste Tag hält zum Glück einen willkommenen Trost bereit. Loti stattet Hadschi Abbas, dem Vorsteher der Kaufleute, einen Besuch ab, und endlich entdeckt er dort einen kleinen Ausschnitt dessen, was in seinen Augen den Reiz des mythisch verklärten Orients ausmacht. Nachdem er die übliche schmucklose Pforte durchschritten hat, gelangt er in einen Rosengarten, zu dem sich die Fenster und Türen eines im traditionellen Stil errichteten Haupthauses öffnen. Der Salon, in dem er empfangen wird, ist gleichsam die Erfüllung aller seiner Wünsche: »Eine Decke aus blauen und goldenen Arabesken, Rosenranken, deren zart abgetönte Farben mit den Jahren verblasst sind; Mauern voller Zierrat, in kleine Facetten zerteilt, mit kleinen Höhlungen versehen, von denen winzige Stalaktiten herabhängen, all das zu einer Farbe von altem Elfenbein vergilbt, die durch das matt gewordene Gold der Netzmusterung noch betont wird; auf der Erde Kissen und wunderbare dicke Teppiche. Und die durchbrochenen Fenster weisen auf die Rosen eines verborgenen, umschlossenen Gartens, in dem ein Springbrunnen leise plätschert.«

Auf diese erste glückliche Entdeckung folgen bald weitere, denn Loti wird noch von anderen hoch gestellten Männern der Stadt in ihre Häuser geladen, und diese kommen an Schönheit dem Haus von Hadschi Abbas gleich oder übertreffen es noch. Doch trotz der prächtigen Ausschmückungen wird der Schriftsteller dieses leicht beklommene Gefühl, das ihn seit seiner Ankunft begleitet, nicht los, er fühlt sich wie eingesperrt und vermisst sehr stark die Gegenwart von Frauen, die hinter ihren gespenstischen schwarzen Tschadors den Blicken entzogen bleiben.

Geheimnisvolle Moscheen

»Ich habe keine Hoffnung, sie jemals betreten zu dürfen. Aber ich möchte doch wenigstens von außen die Säulenhallen sehen, die schönen Gewölbe und die kostbaren Fayencen.«

Dieses Unbehagen hindert Loti jedoch nicht daran, sich neugierig auf die Suche nach den berühmten Moscheen von Schiraz zu begeben. Er hofft, durch sie zumindest in ästhetischer Hinsicht entschädigt zu werden. Doch gibt es zu jener Zeit keinen Stadtplan und keinerlei Hinweise auf die Orte, an denen die Moscheen sich befinden, und so erweist es sich für den Reisenden als unmöglich, sich in dem Gewirr der Gassen zurechtzufinden. Loti irrt umher, ohne zum Ziel zu kommen. »Ich weiß, dass es diese Moscheen gibt, dass manche sogar sehr berühmt sind; doch es wirkt fast, als ob sie uns fliehen oder als ob ein Bannkreis um sie gezogen sei. Zuweilen,

Links:
Der Basar von Schiraz mit den Straßen der Teppichhändler. »Danach schließen sich breite, gerade, ebenmäßige Straßen an, die von runden Kuppeln überwölbt werden, welche sich in endloser Folge aneinander reihen (...). Entlang dieser Straßen sind die Händler nach ihrem Gewerbe nebeneinander versammelt, wie es orientalischer Brauch ist.«
(Pierre Loti, *Nach Isfahan*)

Folgende Seiten:
Die schmalen Gassen der alten Viertel von Schiraz bilden ein labyrinthisches Gewirr. Auch Pierre Loti verirrte sich in ihnen, als er zu den berühmten Moscheen der Stadt gelangen wollte.

wenn ich hochblicke, sehe ich durch irgendeine Öffnung im Gewölbe über den Straßen, ganz nah, eine wunderbare, grün und blau glänzende Kuppel, die in den klaren Himmel aufragt. Wir stürzen also durch einen der Schattengänge, der zu ihr hinzuführen scheint: er ist am Ausgang vermauert – oder er endet in einem Durcheinander von eingestürzten Mauern, Schutt und Erde. Wir kehren um, wir nehmen einen anderen: er entfernt uns von unserem Ziel oder führt uns in die Irre.« Erschöpft, der Rätsel dieser Stadt und ihrer unsichtbaren Schätze überdrüssig, beschließt Loti, wieder in dem Teehaus einzukehren, das er am Tag zuvor entdeckt hat. Dort würde er rauchen, trinken und unter freiem Himmel die Zeit verstreichen lassen, bis die Dämmerung vollends hereingebrochen war. Mit einem der neben ihm sitzenden Gäste kommt er ins Gespräch, und dieser bietet ihm an, ihn auf die Dächer zu führen, um von dort die Aussicht über die ganze Stadt und auf die Kuppeln der Moscheen zu genießen. Der folgende Tag ist ein Freitag, im Islam der Tag, an dem nicht gearbeitet wird. Die Einwohner von Schiraz verbringen ihn – sofern sie reich genug sind – auf dem Land, genauer gesagt, in ihren von Mauern umschlossenen Gärten, welche außerhalb der Stadt liegen. Loti beschließt, dem Zug vor die Stadt zu folgen, doch da er keine Verbindung zu den Familien besitzt, muss er sich damit begnügen, die Geschehnisse aus der Ferne zu beobachten. Er kehrt mit seinen Begleitern in sein Haus zurück, wie besessen von dem Wunsch, einmal eine Perserin ohne ihren Schleier zu überraschen. Da meldet ihm einer seiner Diener, dass eine Nachbarin auf das Dach gestiegen ist, um die Strümpfe zu holen, die sie dort zum Trocknen aufgehängt hatte. Die Aufregung ist denkbar groß, und der Schriftsteller begibt sich sofort auf seinen Beobachtungsposten. Der Rücken, auf den er blickt, scheint ihm jedoch nicht sehr viel versprechend, und als die Frau sich umdreht, ist die Enttäuschung noch größer: Es handelt sich lediglich um eine alte Dienerin, die über siebzig ist und keine Zähne mehr hat. Während der folgenden Tage bereitet Loti schon seinen baldigen Aufbruch nach Isfahan vor, dem Hauptziel seiner Reise. Er stellt eine neue Reisetruppe zusammen, entlässt einen seiner beiden persischen Diener und verkauft so manchen der Gegenstände, die er in Buschehr erst erworben hatte, um die Anzahl seiner Gepäckstücke zu verringern. Aber auf das Angebot, sich über die Dächer von Schiraz führen zu lassen, geht er gerne noch ein und findet dort den strahlend blauen Himmel wieder, der ihm in den überwölbten Gassen gefehlt hatte. Die Kuppeln der Moscheen sind zum Greifen nahe, ihre vielfarbi-

gen Emailsteine glitzern in der drückenden Hitze, und Loti steuert über die Dächer des Basars der Kupferschmiede hinweg auf eine von ihnen zu. »Aus der Nähe besehen ist sie nur noch eine Ruine – jene schöne, heilige Moschee, vor der wir nun angelangt sind; ihre blendende, üppige Schmuckglasur kann sie kaum mehr tragen, ihre Mauern geben nach, und so schwindet sie langsam dahin. (...) Zu den verschiedenen Tönen von Blau, welche in dem Überzug aus Fayence vorherrschen, mischen sich Grün und Gelb, doch nur ein wenig davon, gerade soviel, dass es von Ferne wie verblichenes Türkis wirkt. Irisblüten und Rosenranken erscheinen hier und da dazwischen; wie zufällig hingeworfen wurden sie von den Fayencekünstlern quer über die großen religiösen Inschriften gemalt, die weißen Schriftzüge auf königsblauem Grund, welche die Türfassungen umrahmen und an den Friesen entlanglaufen.«
Am Tag nach diesem denkwürdigen Spaziergang bricht Loti zu den Mausoleen der Dichter Sa'di und Hafis auf. Anfang des 20. Jahrhunderts lagen die beiden Grabstätten noch in wunderschönen Gärten außerhalb der Stadt. Sie wurden leider zerstört und in den vierziger Jahren neu erbaut. So ist es heute nicht mehr möglich, wie Loti die ursprüngliche letzte Ruhestätte des Dichters Hafis zu bewundern, »das Grab aus geschnittenem Achat, inmitten einer großen, herrlichen Umfriedung, in welcher wir Alleen mit blühenden Orangenbäumen, Rosenrabatten, Wasserbecken und den aufsteigenden Strahl kühlenden Wassers vorfinden. (...) Und dieser Garten, der zunächst dem Dichter allein als Grabstätte vorbehalten war, wurde im Lauf der Zeit zu einem vollendet schönen Friedhof. (...) Auch Pavillons gibt es hier, um unter ihren Kuppeln zu beten oder zu träumen. (...) In den vielen Vasen, die dort stehen, wird für immer währenden Blumenschmuck gesorgt, und an diesem Morgen sind fromme Gestalten eben dabei, die Vasen neu zu füllen: mit Rosen, Löwenmäulchen, Lilien, all den Blumen aus früherer Zeit...« Auch heute noch ist die Verehrung für Hafis groß, der als der größte Dichter Persiens gilt. Er wurde 1324 in Schiraz geboren und soll zu seinen Lebzeiten sogar den fürchterlichen Herrscher Tamerlan mit seinen Versen milde gestimmt haben. Die Iraner kennen in der Regel einige seiner Gedichte auswendig und zögern nicht, sie auch aufzusagen, wenn sich eine Gelegenheit dazu ergibt. Der Ruf seiner Dichtung ist in der Bevölkerung so unangefochten, dass sein Diwan, die Sammlung aller Verse, die Hafis zugeschrieben werden, sogar dazu benutzt wird, die Zukunft vorherzusagen. Bei dieser eher ungewöhnlichen Art und Weise, mit Dichtung umzu-

Vorangehende Doppelseite: Die Fayencekacheln der Wakil-Moschee sind großenteils in der Technik des *haft rangi* gefertigt, die für die Bauten in Schiraz kennzeichnend ist. Sieben verschiedene Farben werden dafür verwendet und nacheinander gebrannt. Der Farbenreichtum ist so besonders groß.

Unten und rechts: Wer keine der reich verzierten Ausgaben klassischer persischer Dichtkunst besitzt, kann bei Händlern am Straßenrand sein Glück versuchen. Sie lassen ihre Vögel einzelne Verse herauspicken, aus denen die Zukunft gelesen werden kann.

gehen, wird zunächst an das Buch eine wichtige persönliche Frage gerichtet. Sodann wird zufällig eine Seite aufgeschlagen, und die Verse, an denen der Blick hängen bleibt, bilden die Grundlage der weiteren Interpretationen. Die Gedichte Hafis' sind tatsächlich meist sehr vieldeutig, was sowohl an ihrer Form und ihrem Aufbau als auch an den mehrfachen Wortbedeutungen liegt. Sie sind für eine solche Verwendung also durchaus geeignet. Wer keine eigene Ausgabe des Diwan besitzt, kann in Schiraz bei Händlern am Straßenrand sein Glück versuchen. Diese halten in kleinen Umschlägen Verse von Hafis bereit, und wer will, kann sich von einem Vogel mit seinem Schnabel eine Textstelle herauspicken lassen.

Im Mausoleum des großen persischen Dichters Sa'di, von dem der berühmte *Golestan (Der Rosengarten)* stammt, beklagt sich Loti bitter über das Los, das den Dichtern und der Dichtung im Westen beschieden ist: »Persien, Heimat der Dichter, wie beneide ich dich, oh Land, in dem nichts sich verändert, in dem die Gedanken und die Sprache immer gleich bleiben und in dem nichts dem Vergessen anheim fällt! Wer bei uns, wenige Gebildete ausgenommen, entsinnt sich noch der Minnesänger, die zu den Zeiten des Sa'di lebten; wer entsinnt sich selbst des wunderbaren Ronsard?«

Märchenzauber der Farben

»Eine Linienführung in der Architektur von absoluter Strenge und Ruhe, doch überall eine wilde Überfülle von blau und rosenfarben bemalten Kacheln, nicht ein einziges Mauerstück, das nicht sorgfältigst verkleidet wäre …«

In die Stadt zurückgekehrt, entdeckt Loti im Basar die lange Straße der Sattler, die zu den Abschnitten gehört, die auf Weisung von Karim Khan Zand errichtet wurden. Dieser Herrscher ernannte Schiraz im 18. Jahrhundert zur Hauptstadt seines Reichs und bescherte der Stadt damit eine Blütezeit. Das lange Gewölbe über der Straße, nur ab und zu von einer Kuppel durchbrochen, durch die Sonnenstrahlen dringen, begeistert Loti mehr als alle anderen Viertel der Stadt.

Nachdem der Tag bereits recht zufriedenstellend verlaufen war, erhält der Reisende sogar noch die Erlaubnis, den Hof der Moschee von Karim Khan zu betreten. Die Verbote werden offenbar allmählich gelockert, und Loti begreift, dass Zeit und Geduld in diesem eigenwilligen Land viel bewirken. Ein wenig großspurig fügt er hinzu: »...und wenn ich länger bliebe, dürfte ich schließlich sicherlich die verbotensten Orte aufsuchen, so liebenswürdig und gutmütig kommen mir die Leute hier entgegen.« Die Wakil-Moschee, wie ihr Name heute lautet, wurde 1773 vollendet, und besteht aus einer bemerkenswerten Konstruktion, die sogar zwei starke Erdbeben überstanden hat. Zum Zeitpunkt von Lotis Aufenthalt ist ihre Säulenhalle, die seither mehrfach restauriert wurde, schwer beschädigt, doch die Mosaike des heiteren Innenhofs, den er äußerst bewegt betritt, verblüffen ihn durch ihre raffinierten Muster und ihre leuchtenden Farben.

Endlich darf der Schriftsteller von den verbotenen Früchten des Islam kosten, doch er gibt von der Moschee nur eine ganz kurze Beschreibung und zeigt sich mehr von den dekorativen Elementen des Baus als von der Architektur selbst beeindruckt. Aber Loti ist hochzufrieden, bis in den Hof Einlass erhalten zu haben, und steht danach der ganzen Stadt positiver gegenüber: »Ich entwickle in dieser Stadt allmählich meine eigenen alltäglichen Gepflogenheiten, gehe allein aus und finde mich in dem Labyrinth der dunklen Gassen zurecht. Dort auf dem Platz zwischen der rosenfarbenen Moschee und den verfallenden Befestigungsmauern, in dem kleinen Café, in das ich mich jeden Abend begebe, empfängt man mich schon wie einen gern gesehenen Freund und bringt mir meine Wasserpfeife, in deren Karaffe eigens Orangenblüten und ein, zwei rote Rosen gestreut wurden, um das frische Wasser mit ihrem Duft zu aromatisieren.«

Am folgenden Tag, dem ersten Mai, wird Loti endlich von dem Wesir von Schiraz zu einer Audienz empfangen. Er erhofft sich von ihm Reisegenehmigungen, Empfehlungsschreiben und eine Eskorte, welche für eine erfolgreiche Reise nach Isfahan unerlässlich sind. Schon für den nächsten Tag ist der Aufbruch beschlossen, und so begibt sich Loti aus der stillen Abgeschiedenheit seiner Unterkunft abends ein letztes Mal in das kleine Café, in dem er sich schon so heimisch fühlt. Doch an diesem Tag beginnt der Moharram, für die schiitischen Muslime eine geheiligte Zeit im Jahr, während der des Todes von Imam Hossein gedacht wird, einem der wichtigsten Heiligen und Märtyrer des iranischen Islam. Er wurde 680 nach christlicher Zeitrechnung in Kerbela umgebracht. Auch heute noch wird dieser Trauermonat von sehr vielen Iranern begangen, und es finden zahlreiche Versammlungen statt, um ge-

»Männer, die ihre Kappen weggeworfen haben, fügen sich durch ihr Haar hindurch auf der Kopfhaut blutige Schnitte zu ...«
(Pierre Loti, *Nach Isfahan*)
Dieser heute nicht mehr übliche Brauch fand während der Aschura-Umzüge statt und ist auf zahlreichen alten Abbildungen wiedergegeben, so etwa auf den Kacheln des Tekkieh Khaneh in Kermanschah. Die Umzüge mit symbolischen Bußübungen der Männer werden auch heute noch abgehalten.

meinsam den Tod des Heiligen zu beweinen und sich an die Brust zu schlagen. So soll auch körperlich dem Schmerz über die begangene Gräueltat Ausdruck verliehen werden. Höhepunkt der Veranstaltungen ist der Aschura-Umzug, bei dem besonders fanatische Gläubige sich früher sogar mit langen Messern die nackten Schädel aufschlitzten, um das Blut über ihr Gesicht und ihren weißen Umhang rinnen zu lassen. Loti wird darum auf dem Platz vor der Moschee abweisend empfangen. Es wird an den Tischen weder geraucht noch getrunken, und die Augen aller Männer auf dem Platz sind auf einen alten Derwisch gerichtet, der ausdrucksvoll vom Martyrium und vom Tod des Heiligen erzählt. Dem fremden Gast aber wird unmissverständlich bedeutet, dass er unerwünscht ist.

Linke Seite und rechts unten:
Ansicht von Persepolis. »Eine Terrasse erstreckt sich vor uns, groß genug, um eine ganze Stadt auf ihr zu erbauen. Einst standen auf ihr hohe monolithische Säulen so dicht wie Bäume in einem Wald.« (Pierre Loti, *Nach Isfahan*)

Auf den Spuren von Dareios dem Großen

»Wir kommen zu Treppen, die aus hartem, schimmerndem Stein gefügt sind, breit genug, um eine ganze Armee vorbeiziehen zu lassen.«

Gegen Abend des nächsten Tages bricht Loti aus der Stadt auf. Leicht wehmütig blickt er von einem Vorsprung der Straße aus, die ihn durch das mächtige Tor des Korans nach Isfahan führen wird, ein letztes Mal auf Schiraz zurück. Er weiß, dass er es nie wieder sehen wird. Nachdem sie den Rest der ersten Nacht in der kleinen Oase Zarqan verbracht haben, ändern Loti und seine Gefährten ihren Reiserhythmus. Denn da die Temperaturen allmählich erträglicher werden, bricht die kleine Karawane von nun an in den frühen Morgenstunden auf, legt in den heißen Mittagsstunden eine Pause ein und setzt dann am späten Nachmittag ihren Weg fort. Die erste Etappe ist allerdings kurz, denn nach nur vier Stunden quer durch Felder mit weiß blühendem Mohn ist Persepolis erreicht. Loti bezieht für zwei Tage eine in der Nähe gelegene, mehr als dürftige Karawanserei, und im weichen Licht des Nachmittags begibt er sich zu den Ruinen, die für ihn zu den Wunderwerken der Menschheit gehören.

Oben links:
Jean Chardin verfasste im 17. Jahrhundert nicht nur einen berühmten Reisebericht, sondern fertigte auch Zeichnungen an sowie ein Verzeichnis der Baudenkmäler von Persepolis.

Je näher er kommt, desto mehr ist er von der Größe der Steindenkmäler überwältigt, die sich von den Bergen, von denen sie umrahmt werden, kaum abheben: »Jetzt, da sie uns so nahe ist, diese Kulisse

VORANGEHENDE DOPPELSEITE: Detailansicht der großen Treppe von Apadana. Auf den Flachreliefs sind die Völker abgebildet, die Darius der Große unterworfen hatte.

UNTEN: Am Ende der monumentalen Treppe mussten die Gesandtschaften durch das Tor der Nationen schreiten, um in die Stadt und vor den Herrscher zu gelangen, dem sie ihre Gaben darbrachten. Nach Osten und nach Westen halten auch heute noch riesige Fabelwesen mit Stierköpfen Wache. Auf der linken Fotografie ist Pierre Loti zu sehen.

RECHTE SEITE: Detail aus einer der Privatresidenzen der Herrscher.

einer Totenstadt am Fuß eines Totengebirges, besteht kein Zweifel mehr an ihren kolossalen Ausmaßen; ihre Terrassen sind fünf- bis sechsmal höher als üblich angelegt, und nicht wie überall sonst aus Erde aufgeschüttet, weshalb sie durch den Regen bald zerstört werden, sondern aus Zyklopenblöcken gefügt, die ewig überdauern; und jene langen, hohen Striche in der Luft, die wir aus der Ferne fast für Schiffsmasten halten konnten, sind monolithische Säulen, die erstaunlich schlank und keck in den Himmel ragen – einst trugen sie wohl die Decken aus Zedernholz und das Gebälk der mächtigen Paläste.« Loti, der sich in falscher Bescheidenheit als einfachen Reisenden bezeichnet, gibt in seiner Reiseerzählung kaum geschichtliche Informationen zu diesem Ort mit der Begründung, dass selbst die zeitgenössischen Historiker sich über die tatsächlichen Geschehnisse und Fakten nicht einigen könnten. Zum Zeitpunkt von Lotis Besuch in Persepolis liegt der Ort völlig verlassen da. Die Franzosen, welche in Persien das Vorrecht auf alle Ausgrabungen zugesprochen bekommen hatten, waren in jenen Jahren ausschließlich in Susa beschäftigt, wo Jane und Marcel Dieulafoy ihre archäologischen Forschungen vorantrieben. Ihren Bemühungen ist es zu verdanken, dass heute im Louvre viele Schätze aus der Zeit der Achämeniden zu besichtigen sind. Persepolis wurde später von deutschen und amerikanischen Archäologen erschlossen und viele bis dahin unklar gebliebene Details konnten geklärt werden.
Persepolis, die Hauptstadt des großpersischen Reichs der Achämeniden – von den Iranern auch Takht-e Dschaschid, der Thron des Dschaschid genannt – wurde unter Dareios dem Großen erbaut, der von 521 bis 486 vor Christus regierte. Unter seinen Nachfolgern Xerxes I., Artaxerxes I., Xerxes II., Dareios II., Kyros d. J., Artaxerxes II. und III. sowie Dareios III. folgten weitere Baumaßnahmen. Insgesamt erstreckte sich der Bau der Stadt über einen Zeitraum von fünfhundert Jahren. Zerstört wurde sie schließlich von Alexander dem Großen auf seinem Eroberungszug nach Indien. Die eindrucksvollen Ruinen, die sich bis heute im Schutz der Berge von Rahmat erhalten haben, geben immer noch eine einigermaßen klare Vorstellung von dem Glanz und der Pracht der achämenidischen Herrscher.

Eine steinerne, reglose Menge

»... Hunderte von Gestalten, in vornehm steifer Haltung, Bart und Haupthaar zu kleinen Löckchen frisiert: (...) Monarchen schreiten unter großen Sonnenschirmen einher, die von Sklaven gehalten werden; Stiere, Dromedare, Ungeheuer ...«

Der größte Teil der Gebäude befindet sich auf einer ebenen Fläche von mehr als einem Quadratkilometer, zu der man über eine monumentale Treppe mit doppelter Rampe gelangt. Diese ist aus riesigen Steinquadern gehauen und so breit, dass auf ihr mehrere Pferde nebeneinander Platz hätten. Wie schon zahlreiche berühmte Besucher vor ihm steigt Loti die Stufen empor und wird an ihrem Ende von zwei riesigen steinernen Stieren mit Menschenantlitz empfangen, welche das Tor der Nationen bewachen. Er folgt dem Pfad weiter, den auch die Abordnungen aus allen Gebieten des Reichs nahmen, wenn sie dem Herrscher ihren Tribut entrichteten, und steht schließlich vor dem Palast von Apadana, in dem Dareios der Große seinen Thronsaal hatte. Mehr noch als das Gebäude selbst sind es wiederum die dort hinführenden Treppen, welche Lotis besondere Aufmerksamkeit erregen. Denn sie sind seitlich mit fein ausgearbeiteten Flachreliefs geschmückt und zeigen den langen Neujahrszug aller Völker, über die Dareios herrschte: Meder, Perser, Äthiopier, Lydier, Araber, Inder, Ägypter, Sogdier, Armenier ... und vieler anderer, deren Namen heute vergessen sind.
Südlich davon gelangt Loti auf eine weitere, höher gelegene Terrasse, auf der sich die Privatresidenzen der verschiedenen Könige der Stadt befanden. Zahlreiche Bruchstücke von Säulen und Türstöcken liegen zwischen den Trümmern, meist reich verziert mit den Skulpturen rätselhafter Gestalten, deren Gegenwart auf ihn fast einschüchternd wirkt. Im Nordosten erreicht er schließlich den Palast der Hundert Säulen, ein Gebäude von ehemals riesigen Ausmaßen, dessen Grundfläche siebzig mal siebzig Meter betrug und dessen prächtige Decke aus Zedernholz auf hundert Säulen ruhte.

Heute sind von ihnen nur noch wenige Sockel erhalten. In dieser Säulenhalle pflegte Dareios zwischen zwei flachen Schalen zu sitzen, in denen Weihrauch brannte, und nacheinander die Abordnungen zu empfangen, die ihm als Zeichen ihrer Ergebenheit Geschenke darbrachten und die Weisungen des Herrschers entgegennahmen. Aufbewahrt wurden die prächtigen Gaben in der Schatzkammer, in einem Gebäude von beinahe 10 000 Quadratmetern Grundfläche, das östlich des heutigen Museums lag.

Loti kehrt am nächsten Tag noch einmal zu den Ruinenfeldern von Persepolis zurück, um ein letztes Mal den Glanz der Achämeniden auf sich wirken zu lassen, und reitet dann weiter Richtung Isfahan. Ihre nächste Rast macht die Karawane vor den Herrschergräbern von Naqsch-e Rostam. In den braunen, steil abfallenden Felsen gehauen, befinden sich dort die Grabstätten von Dareios dem Großen, Artaxerxes I., Xerxes II. und Dareios II. Unterhalb der Grabmäler sind herausragende Reliefarbeiten zu finden, die aus der späteren Epoche der Sassaniden stammen. Zahlreiche Eroberungszüge der Herrscher dieser Dynastie sind dort wiedergegeben, insbesondere der Sieg von Schapur I. über den römischen Kaiser Valerius. Loti verweilt einige Zeit vor dieser Szene, die sein besonderes Interesse weckt. Danach erkundet er die Umgebung der Gräber auf der Suche nach einer Kultstätte der Anhänger Zarathustras, von der ihm Parsen in Bombay bei seinem Indienaufenthalt erzählt hatten. Als er die beiden archaisch anmutenden, grob verzierten Steinblöcke entdeckt, bestätigt ihm der Ausruf seines Maultierführers, dass es sich tatsächlich um so genannte Ateschga handelt, »Zwillingsaltäre für den Kult des Feuers, aus der Zeit der ersten Weisen stammend, viele Jahrhunderte vor dem Bau des gewaltigen Persepolis und vor den in den Fels gehauenen Reliefs errichtet, (...) unverwüstlich und beinahe ewig – fest und derb, wie sie sind.«

Nach Isfahan

»Nirgends ein vorgezeichneter Weg, keine Einzäunung, keine Begrenzung, keine menschliche Spur; es lebe der freie Raum, der jedermann und niemandem gehört!«

Nach der Besichtigung dieser Altarsteine setzt Loti seinen Weg nach Isfahan fort. Er lässt die verflossene Pracht aus den Zeiten der Achämeniden und Sassaniden hinter sich und findet sich erneut in der Einsamkeit der persischen Hochebenen wieder. Die Reise gestaltet sich einfacher als zwischen Buschehr und Schiraz, dennoch warten einige unangenehme Überraschungen auf ihn. Die

Bewohner der Dörfer, durch die er kommt, sind jedoch stets freundlich und hilfsbereit. Am ersten Abend macht die Reisetruppe des Schriftstellers in dem befestigten Dorf Ali Abad Halt. Nach einer ruhigen Nacht ist die Gruppe schon am frühen Morgen erneut unterwegs. Einige Männer aus dem Dorf begleiten sie, bis zu den Zähnen bewaffnet, denn in unmittelbarer Umgebung treiben Wegelagerer ihr Unwesen. Die Polizei von Schah Mozaffar od-Din, jenes Kadscharen-Herrschers, in dessen Regierungszeit die Reise von Loti fällt, ist zwar in den großen Städten erfolgreich vertreten, doch das ganze Land, das mehr als sechsmal so groß wie Deutschland ist, kann sie nicht kontrollieren. Die Reisenden jener Zeit tun also gut daran, für ihre Sicherheit selbst zu sorgen. Die Schluchten, durch die Loti mit seinen Begleitern zieht, sind jedoch glücklicherweise friedlich und ruhig, und bald öffnet sich vor ihnen eine grenzenlos weite Ebene, in die sie mit ihren Reittieren hineingaloppieren. Ein wilder, befreiter Ritt von mehreren Stunden bringt sie bis ins Dorf Qader Abad, wo sie eine Rast einlegen, um in dem kleinen, schattigen Garten der Karawanserei ein Mittagsmahl zu sich zu nehmen. Als sie gerade aufbrechen wollen, strömt das ganze Dorf zusammen, um eine persische Prinzessin zu sehen, die auf dem Weg nach Isfahan mitsamt Karosse und Gefolge in dem Dorf ankommt. Loti, der sich unter die Schaulustigen mischt, wird ein weiteres Mal enttäuscht, denn auch hier sieht er nur eine alterslose Silhouette, die in schwarze Seide gehüllt ist und vor dem Gesicht

OBEN:
Die beiden Altäre, von Loti als »zwei einfache und schwere, abgestumpfte Pyramiden, die von grobem Zackenwerk gekrönt werden« beschrieben, wurden von Priestern des Zarathustra für ihren Feuerkult genutzt.
(Pierre Loti, *Nach Isfahan*)

LINKE SEITE:
Die majestätischen Grabmäler der sassanidischen Herrscher wurden direkt in den Felsen gehauen, in einem Stil, der laut Loti von Ägypten und zugleich von Griechenland beeinflusst ist: »Säulen und Gesims sind ionisch; der Eindruck des Ganzen aber erinnert an die schwere Pracht der Portale Thebens.«
(Pierre Loti, *Nach Isfahan*)

Unten:
Die Pol-e Khadschu in Isfahan, auf Weisung von Schah Abbas im 17. Jahrhundert erbaut, fällt als Brücke durch ihre besondere Pracht auf. Ihre Gewölbe und ihre beiden Pavillons sind mit Fayencen geschmückt.

Rechte Seite und folgende Doppelseite:
An Dscholfa, dem armenischen Viertel in Isfahan, zeigte Loti nur wenig Interesse. So hatte er auch keinen Blick für die Kirchen, die sich dort hinter hohen Mauern verbergen. Sie sind innen mit prächtigen Wandmalereien geschmückt, welche die westliche Tradition figürlicher Darstellungen mit abstrakten islamischen Ornamenten verbinden.

eine weiße Halbmaske trägt. Ohne sich noch länger aufzuhalten, setzt er den Ritt durch die unberührten Ebenen des persischen Hochlandes fort. Bis Isfahan wird er noch sechs Tage unterwegs sein. Sechs Tage durch eine meist eintönige Landschaft, durch Städte und durch Dörfer wie Abbas Abad, Abade, Yazd-e Khast und Khomeinischahr, in denen er bald mit armen Dorfbewohnern, bald mit den Karawanen reicher Händler in Kontakt kommt.

Das einzige bemerkenswerte Ereignis jener Tage ist der Aschura-Umzug, der Höhepunkt des Trauermonats Moharram, den er in Khomeinischahr miterlebt. Schon am Mittag hatte er in dem Dorf, in dem er Rast machte, Männer beobachtet, die das *sine zani* vollführten. Sie hatten Schulter und Oberkörper auf der linken Seite entblößt und schlugen immer wieder mit der Faust auf die schon blau geschwollene Brust, alles in einem gleichförmigen Rhythmus und indem sie den Namen des Imam Hossein skandierten.

Am Abend ist das Schauspiel noch weitaus beeindruckender. Tausende von Männern, die sich in Trance befinden, sind im Hof der Moschee von Khomeinischahr versammelt und wiederholen unablässig den Namen des Imam. Mit Hilfe zweier Perser, die er mit Goldstücken bezahlt hatte, gelang Loti der Zutritt zu diesem heiligen Ort. Er reagiert erschrocken und abwehrend, als er Zeuge des Massenwahns wird, der hier in vollem Gange ist: »Auf den Firsten der hohen Mauern und am Rande aller Dachterrassen ringsum hocken reglos und stumm die Frauen, einem schwarzen Vogelschwarm gleich, der sich auf der Stadt niedergelassen hat. In einem Winkel, vor der wogenden Menge durch den Stamm eines hundertjährigen Maulbeerbaumes geschützt, sitzt ein Greis und schlägt wie besessen eine gewaltige Trommel: immer drei Schläge, ohrenbetäubend und in so rasender Abfolge, als wolle er irgendeinem Ungeheuer zum Tanz aufspielen. Was sich aber im Takt der Trommel tanzend in der Luft bewegt, ist so etwas wie ein Haus, auf langen Bohlen von Hunderten von Armen in die Höhe gehalten und trotz seines Gewichts wild auf und ab bewegt. Dieses tanzende Haus ist über und über mit alten Damaststoffen geschmückt und mit seidenen Tüchern bedeckt, die altüberlieferte Stickmuster zieren; zehn Fuß hoch schwankt es über der Menge hin und her, über den hochgereckten Köpfen mit ihren wirren Blicken, und gelegentlich beginnt es sich zu drehen, wenn nämlich die Gläubigen, die es tragen, inmitten des dichten Gedränges im Kreis zu laufen beginnen. Schneller und immer schneller dreht sich das Haus um sich selbst, dass einem schwindlig werden könnte. Im Innern sitzt ein rasender, in Trance gefallener Muezzin, der sich festklammert, um nicht herunterzufallen, und dessen Vokalgesänge das ganze Getöse unter ihm gellend übertönen ...«. Loti bleibt als fremder, ungläubiger Reisender nicht lange unbemerkt und muss die Moschee verlassen, von den beiden Persern unauffällig nach draußen geleitet. Es glückt ihm jedoch, von einem Bewohner der Stadt zu dem Trauerabend geladen zu werden, den dieser in seinem Haus mit Verwandten und Freunden begeht. So kann der Schriftsteller der mit ausdrucksvollen Gesten begleiteten Erzählung vom Tod des Imam Hossein diesmal ungestört zuhören. Auch wenn sein Platz etwas abseits ist, um keinen der Gäste in seinen religiösen Gefühlen zu verletzen, so muss er sich doch nicht so ausgeschlossen und verstoßen fühlen, wie dies in Schiraz der Fall war.

Die blaue Stadt

»... Diese Stadt in Türkis und Lapislazuli, die im Licht des Morgens vor mir liegt, bietet sich mir so unwirklich und zauberhaft dar, dass ich an ein altes orientalisches Märchen glaube.«

Nach dem Ritt durch eine weitere wüste Ebene tauchen am 12. Mai vor Loti endlich die Kuppeln und die blauen Minarette der Stadt auf, deren Besuch er sich so lange sehnlich gewünscht hatte. Isfahan liegt blühend vor ihm, üppig von Büschen und Bäumen umgeben, die schützenden Berge ringsum noch schneebedeckt. Loti reitet in die sagenumwobene Stadt durch das Armenierviertel

Dscholfa ein, das von ihm kaum eines Blickes gewürdigt wird. Während der Regierungszeit von Schah Abbas I. im 16. Jahrhundert war dieses Viertel zu großer Wohlhabenheit gelangt, hatte seither jedoch an Glanz verloren und scheint Loti in keinster Weise mit dem »wahren« Isfahan und den dort erwarteten Sehenswürdigkeiten vergleichbar. Seine Ungeduld ist so groß, dass er auf die Angebote der dort lebenden Christen, die ihm eine Unterkunft vermitteln wollen, nicht weiter eingeht. Als Ungläubiger aber wird er es schwer haben, in der Stadt selbst ein Quartier zu finden, denn die mehrheitlich muslimische Bevölkerung dort ist streng religiös. Doch der kühn gewordene französische Intellektuelle, der sich nach den zahlreichen bisher auf seiner Reise überstandenen Abenteuern mutig fühlt, wechselt lediglich die Pferde gegen Maultiere ein und setzt dann seinen Weg fort, um zum Fluss Zayande Rud und über eine der berühmten Brücken nach Isfahan selbst zu gelangen. An den Ufern bewundert er die ausgebreiteten *kalamkars*, weithin berühmte gemusterte Baumwollstoffe, deren alte Druckstöcke aus Holz in den Werkstätten der Stadt seit Jahrhunderten sorgsam gehütet werden. Bei der Brücke, auf der er schließlich den Fluss überquert, muss es sich um die Si-o-Se Pol-Brücke gehandelt haben, berücksichtigt man die Richtung, aus der er sich Isfahan näherte. Die Beschreibung, die er gibt, lässt allerdings eher auf die weiter flussaufwärts gelegene zweite Brücke, Pol-e Khadschu, schließen. Am anderen Ufer des Flusses angelangt, ist Loti von allem entzückt, was er erblickt. Die Frauen, die er sieht, die Teehändler, die Bettler, alle, denen er begegnet, haben die Arme voller Rosen, und zu beiden Seiten der Allee, die er entlangzieht, befinden sich weitläufige Gärten mit Rosensträuchern und Zypressen, so dicht bewachsen, dass die Paläste und Moscheen dahinter kaum zu erkennen sind. Als er aber zu den dunklen, schmalen Gassen kommt, in denen er nach einer Karawanserei suchen muss, schwindet seine Begeisterung. Wie so häufig herrscht in den überfüllten Straßen des Basars eine düstere, bedrückende Atmosphäre. Doch trotz des trüben Lichts und der unangenehmen Gerüche gerät er erneut ins Schwärmen, als er zu den hohen Backsteingewölben emporblickt. Die Inhaber der Karawansereien, bei denen er anfragt, weisen ihn jedoch alle ab. Vor einer völlig leeren, heruntergekommenen Herberge angelangt, verlassen ihn schließlich seine armenischen Träger, die sich weigern, ihn noch weiter zu begleiten. Loti weiß sich nicht anders zu helfen, als in der schäbigen Absteige, vor der er gerade steht, nach einer Unterkunft zu fragen. Doch auch dort

stößt er auf das gleiche undurchdringliche Lächeln und erhält die Antwort: alles sei belegt.

Da taucht ein alter Mann auf, der dem Reisenden das Haus eines in Geldnöte geratenen vornehmen Herrn anbietet, für das er einen stattlichen Preis verlangt. Loti kommt dies wie gerufen, und so folgt er dem unerwarteten Retter in ein entfernt gelegenes Viertel, das halb verfallen scheint. Der Mann öffnet eine alte, wurmstichige Tür, und Loti sieht ein Haus vor sich, das ihm wie im Märchen erscheint: »Ach, welch idealer Wohnsitz! Ein Garten voller Rosen, vielmehr ein blühendes Nest davon: Rosensträucher, die hoch wie Bäume gewachsen sind; Kletterrosen, die alle Mauern mit ihren Blütengeflechten bedecken. Und dahinter ein kleiner Palast wie aus Tausendundeiner Nacht, mit einer Kolonnade hoher, zierlicher Säulen im alten persischen Stil, der immer noch die Architektur der Achämeniden und die eleganten Formen unter König Dareios erahnen lässt.« Loti will keine Zeit mehr verlieren und kehrt sofort zu der Karawanserei zurück, um sein Gepäck nachzuholen. Doch unglücklicherweise hat der Herr des alten Dieners inzwischen erfahren, dass der Fremde ein Christ und somit ein Ungläubiger ist. An ihn will er das Haus nicht vermieten, und so landet Loti in einem elenden Quartier bei einer alten Frau, die sich schließlich bereit erklärt, ihm ein Zimmer zu vermieten.

In den Straßen des Basars

»Die Basare Isfahans, die einst den prächtigsten Handelsplatz Asiens ausmachten, sind eine Welt für sich.«

Aber selbst hier kann er nicht lange bleiben. Die Nachbarn der Frau verlangen, dass sie die Ungläubigen aus ihrem Haus jagt. Loti verfasst in aller Eile ein kurzes Schreiben an den russischen Konsul als einzigen diplomatischen Vertreter europäischer Staaten in der Stadt, lässt es durch einen seiner persischen Diener überbringen und verbarrikadiert sich im Zimmer, während er auf Antwort wartet. Seine Pistolen hat er für alle sichtbar ans Fenster gestellt, um empörte Eindringlinge von der Straße abzuschrecken. Zum Glück liegt das russische Konsulat nicht weit entfernt, und bald sieht er die hohen Gestalten zweier Kosaken näher kommen, die ihm eine Einladung in das Haus des Konsuls überbringen. Loti nimmt sie sofort an und lässt sich in den Palast des Fürsten und der Fürstin D... geleiten, wo ihn nicht nur ein malerischer Innenhof mit Rosensträuchern erwartet, sondern auch ein westlicher Komfort, den der völlig erschöpfte Reisende wohl zu würdigen weiß.

Der Basar von Isfahan war ehemals einer der schönsten und prächtigsten im ganzen Iran. Seine überwölbten, dunklen Gassen öffnen sich zum lichtüberfluteten Hauptplatz der Stadt, dem Naqsch-e Dschahan. In den kleinen Werkstätten hinter den Läden gehen die Handwerker bis heute ihrer Arbeit nach.

قلمزنی و فروشگاه سید محسن احمدی
ساخت کامل انواع ضریح
قلمزنی انواع مصنوعات نقره . برنج مس
گالری

Nach erholsamen Stunden in den ruhigen Räumen seiner Gastgeber bricht Loti am nächsten Morgen zu ersten Erkundungsgängen in die Stadt auf. Da deren Bewohner sich Fremden gegenüber wenig entgegenkommend verhalten, wird ihm eine Wache aus zwei bewaffneten Soldaten und einem Kosaken zur Seite gestellt. Der Schriftsteller ist davon wenig begeistert, denn er möchte so unauffällig wie möglich durch die labyrinthischen Gassen des Basars streifen. Nach einem kurzen Gang durch die Straßen der Schneider und der Stoffhändler gelangt Loti zu dem Hauptplatz der Stadt, der Naqsch-e Dschahan heißt – Bild der Welt. »Ein ganz mit glasierten Mosaiken verzierter Torbogen, ein riesiger Spitzbogen, der vom Boden bis zum Scheitel des Gewölbes den Blick ins Freie öffnet, führt uns plötzlich auf diesen Platz Isfahans, der in keiner unserer europäischen Städte seinesgleichen hat, weder in der weitläufigen Ausdehnung noch in seiner Prächtigkeit. Er ist als reines Rechteck angelegt, wird von regelmäßigen Gebäuden umrahmt und ist so groß, dass die Karawanen, die langen Reihen der Kamele, die Geleitzüge, alles, was ihn in diesem Augenblick, unter dieser Sonne und diesem unvergleichlichen Himmel überquert, wie verloren scheint; die langen, geraden Gewölbe der Basare umschließen ihn fast durchgängig auf allen vier Seiten, zwei Stockwerke hoher, gemauerter Spitzbögen in rosa getöntem Grau, die in trauriger und schier endloser Reihe aufeinander folgen; um aber diese zu starre Geradlinigkeit zu durchbrechen, ragen ab und an merkwürdige, prachtvolle Bauwerke empor, die von oben bis unten mit Mosaiken verziert sind und wie kostbare Porzellanstücke glänzen.«

Oben und rechte Seite: Detailansichten der beeindruckenden Moschee des Imam, die am Hauptplatz von Isfahan liegt. Ihre reich verzierten Minarette sind mehr als vierzig Meter hoch.

»Die Hälfte der Welt«

»Frühlingserwachen liegt in der Luft wie ein Rausch; die ganze Pracht des Frühjahrs, das in Persien nur kurze Zeit dauert, bevor ein heißer Sommer folgt…«

Als Loti den Platz besucht, liegt er ruhig da, die Elendsviertel ringsum sind schon seit langer Zeit verschwunden und er gehört den Kaufleuten und Händlern. So kann er von dem Torbogen aus, unter dem er sich aufhält, jedes der prächtigen Bauwerke zunächst in aller Ruhe aus der Ferne bewundern. Besonders beeindruckt ihn die Moschee des Imam, früher Moschee des Schah genannt, welche an der Rückseite des Platzes steht, »ganz in Lapislazuli und in Türkisblau, mit Kuppeln, Vorhallen, übergroßen Spitzbögen und vier Minaretten, die wie Riesenspindeln in die Luft ragen«. Dann gleitet der Blick des Reisenden weiter zum Palast von Ali Qapu, dessen zarte Umrisse über den Baumreihen fast zu schweben scheinen, und verweilt anschließend auf der prunkvollen Moschee Scheich Lotfollah mit ihrer gelben Kuppel, deren Keramikschmuck einer der schönsten im ganzen Land ist. Loti bemerkt mit Wohlwollen das ruhige Leben auf dem Platz – müßige Tagträumer, die im Schatten von Zeltdächern Tee trinken und eine Wasserpfeife rauchen; Reiter, die in der prallen Sonne ihre Künste vorführen; eine Handvoll von Mullahs, die ihren Turban kunstvoll um den Kopf geschlungen haben und soeben eine Moschee verlassen; verschleierte Frauen, die auf weißen Eseln spazieren reiten.
Der Schriftsteller beschließt, den Platz genauer zu erkunden, geht die Arkaden des Basars entlang und nähert sich so allmählich dem eindrucksvollen Tor der Moschee des Imam. »Je näher wir kommen, desto mehr hat es den Anschein, als wollten die Minarette und die Kuppel des Heiligtums (...) in sich versinken und verschwinden, wohingegen der Torbogen wächst und wächst, der Portalvorbau mit seinem spitzen Gewölbe die Maße eines gewaltigen Triumphbogens annimmt, umgeben von überreich verziertem Mauerwerk, auf dessen glatter Oberfläche das Licht sich tanzend spiegelt. Unter dem riesigen Portalbau angelangt, sieht man eine Kaskade blauer Tropfsteine aus dem Gewölbehimmel herabstürzen; sie zerteilt sich in mehrere, gleichmäßige Garben, dann in Myriaden gleichförmiger Tröpfchen, um schließlich die Innenwände hinabzufließen, welche wunderbar mit Stickereien aus blauen, grünen, gelben und weißen Glasuren ausgeschmückt sind.« Hinter dem Portal gelangt man durch einen sechseckigen Vorraum zum Haupthof, dessen schräge Achse alle Gebete nach Mekka hin ausrichtet, während der Zutritt von Norden aus erfolgt. Der Grundriss der Moschee folgt der klassischen Anlage mit vier *iwans*, wobei der nach Süden gelegene sich zu der großen Gebetshalle hin öffnet. Diese wird von der großen, 52 Meter hohen Kuppel überwölbt, welche bereits von der Ferne auffällt. Beinahe das ganze Gebäude ist mit prächtigen, glasierten Kacheln geschmückt, die üppige Blütenmotive zeigen, hauptsächlich in Gold, Gelb und Weiß vor leuchtend blauem Hintergrund.

Loti ist es jedoch nicht vergönnt, alle diese Herrlichkeiten zu sehen. Er muss sich damit begnügen, von dem Portal aus, unter dem er sich befindet, auf die Pforte zu blicken, »welche die für Christen unüberschreitbare Schwelle bezeichnet, die Tür zur heiligen Stätte, die, so hoch und breit sie auch ist, doch geradezu klein wirkt, verglichen mit den erdrückenden Maßen des Portalgewölbes. Sie führt durch dicke, mit lapislazulifarbenen Kacheln verkleidete Wände; es hat den Anschein, als rage sie in ein Reich aus vollkommenem, überirdischem Blau.«

Spaziergänge im Frühjahr

»Die Händler sind fast alle Greise mit schneeweißen Bärten, in dunkle Winkel gekauert. Jeder hält seine kleine Waage vor sich, um Türkise abzuwiegen, und jeder hängt seinen Träumen nach, die kaum jemals von Käufern gestört werden.«

Als er in das Konsulat zurückkehrt, wird der Schriftsteller regelrecht belagert von jüdischen und armenischen Händlern, die ihm Teppiche und alte Nippes anbieten. Loti findet an diesem Antiquitätenhandel unter den Fenstern seines Schlafzimmers großen Gefallen und gestattet den Verkäufern jeden Morgen wiederzukommen, um ihm neue Stücke zu zeigen. Nach dem Mittagessen macht er sich mit seinem Begleitschutz erneut auf, um weitere Teile des Basars zu erkunden. Er durchquert das Viertel der Färber, wo im wenig einladenden Halbdunkel Wollstränge und Stoffe zum Trocknen aufgehängt sind, kommt dann durch die Straßen der Kupferschmiede, um schließlich den Sattlern einen Besuch abzustatten, die ihn, wie schon in Schiraz, am meisten beeindrucken. Bald ist er erneut an einem Torbogen angelangt, der sich auf die weite, blendend helle Fläche des großen Platzes öffnet. So schnell wie möglich überquert er ihn, um der glühenden Hitze zu entkommen, und taucht auf der gegenüberliegenden Seite in die symmetrische Straße der Zuckerbäcker ein, in der es nach Rosenöl duftet und die voller Kinder ist. Danach führt ihn sein Spaziergang zum verschlafenen und ziemlich heruntergekommenen Viertel der Juweliere, wo er einige Einkäufe tätigt.

Je später es an jenem Nachmittag wird, desto weiter entfernt sich Loti von den belebten Straßen des Basars und dringt in diejenigen Stadtviertel vor, die seit den Überfällen durch die Afghanen nicht wieder aufgebaut wurden. Die einzige Abwechslung in dieser düsteren Umgebung sind ab und zu ein paar Blumen. Als die Nacht hereinbricht, kehrt er unverzüglich zu seinen Gastgebern zurück.

Am folgenden Tag schlendert Loti die Tschahar Baq-Allee entlang, von der er annimmt, dass sie in der Vergangenheit in ihrer Pracht mit den Champs-Élysées in Paris vergleichbar war. Zwischen duftenden Rosensträuchern und alten Palästen lässt er in seiner Vorstellung den Glanz des Hoflebens zur Zeit der Safawiden wieder aufleben. Die Erinnerung an Reiseberichte von Jean Chardin, aber auch an alte Miniaturen, die er immer bewundert hatte, dient ihm zur Ausschmückung eines prunkvollen Gemäldes jener vergangenen Zeiten. Von den unzähligen wundervollen Palästen mit ihren üppig blühenden Gärten, Hascht Behescht – die acht Paradiese – genannt, sind jedoch nur noch ein paar Mauern erhalten. »Trete ein, wer mag, in diese wenigen Paläste, deren Mauern noch stehen. Die zart gearbeiteten Decken zerfallen zu Staub und stürzen ein, und auf den schön bemalten Fayencetafeln haben die Afghanen in ihrem Fanatismus alle schönen Frauengesichter zerstört, als sie in die Stadt einfielen.«

Loti, den diese blinde Zerstörungswut vergangener Zeiten quält, wendet sich wieder der Gegenwart und dem belebten Basar zu. Diesmal entdeckt er dort das Handwerk der Seidenweber, dann die Gassen, in denen die Baumwolle der Umgebung zu dünnen, mit Mustern aus Holzdruckstöcken verzierten Stoffen verarbeitet wird, den *qalamkari*. Schließlich kommt er zu den Ständen der Fayencemaler, die den Sinn für Farben, über den ihre Vorfahren verfügten, seiner Meinung nach verloren haben. Die beiden Solda-

Linke Seite:
Detail der Eingangstür zur Moschee des Imam, die ganz mit Silberplatten verkleidet und kunstvoll ziseliert ist.

Unten:
Unter Schah Abbas wurde 1612 der Platz Naqsch-e Dschahan angelegt, der insgesamt 80 000 Quadratmeter groß ist. Zum Zeitpunkt von Lotis Reise wurde er von persischen Adeligen noch für Polospiele genutzt.

Folgende Doppelseite:
Detail des Kachelschmucks in der theologischen Schule Elmieh Emam Ja'far Sadeq. Sie wurde Anfang des 18. Jahrhunderts von der Mutter des letzten Safawiden-Herrschers erbaut und erfüllt nach wie vor ihre ursprüngliche Bestimmung.

Blick in das Innere der Scheich Lotfollah-Moschee, die allein für den privaten Gebrauch von Schah Abbas errichtet wurde.

»Im Innern ist alles der frühere, unverfälschte Orient; ein hoher Saal, der einst weiß und golden war und heute einen elfenbeinernen Ton mit mattem Schimmer angenommen hat; eine Decke mit Mosaiken aus winzigen Spiegelsplittern, im trüben Glanz angelaufenen Silbers. (...) All dem wohnt ein verstörender Zauber inne, ein morbider, geheimnisvoller, abenteuerlicher Reiz.«
(Pierre Loti, *Nach Isfahan*)

Isfahan, die einstige Hauptstadt Persiens, hat auch heute noch ihre unvergleichliche Atmosphäre bewahrt, doch ist sie eine ruhige Provinzstadt geworden. Das Leben dort folgt einem friedlichen Rhythmus – in den Straßen, in den schattigen Höfen der Moscheen und hinter Fassaden, die noch den alten Glanz erahnen lassen.

ten sowie der Kosak, die ihn begleiten, sind ihm mehr und mehr hinderlich, darum schickt er sie in den Palast zurück, glaubt sich in Isfahan nun auch alleine zurechtfinden zu können und lässt sich schließlich in einem der kleinen Teehäuser nieder, die rings um den Hauptplatz geöffnet haben. Er genießt die Ruhe des Ortes und raucht mit Genuss eine Wasserpfeife.

Faszination des Dekors

»Eine Überfülle wuchernder, unentwirrbarer Details, die doch im Ganzen den Eindruck von ruhiger Einfachheit vermitteln: darin besteht, hier wie überall, das große Geheimnis der persischen Kunst.«

Bevor der Tag sich neigt, bricht Loti noch zu einem weiteren Gang auf, diesmal um die Schule der Mutter des Schahs zu besichtigen, heute Madrase-ye Tschahar Baq genannt, zu der er aufgrund der Beziehungen des Fürsten D... Zutritt erhält. Die ausführliche Beschreibung, die er davon gibt, spart nicht mit Lob und Anerkennung. »Diese theologische Schule – die drei Jahrhunderte alt ist und in der die Lehre sich seit der Gründung nicht gewandelt hat – wurde mit einem Prunk erbaut, der diesem Volk der Dichter und Denker würdig ist, denn schon von alter Zeit an wurde in ihm die Bildung des Geistes in Ehren gehalten.« Der Schriftsteller, der an dieser Stätte von niemandem behelligt wird, kann sich ganz in die ruhige Betrachtung der Fayencekacheln mit ihren Blütenranken und den eingeflochtenen Koranversen versenken. Ihm wird sogar die besondere Ehre zuteil, von dem Geistlichen, der die Schule leitet, persönlich empfangen zu werden. Dieser erwartet ihn zusammen mit seinem Sohn, auf einem Teppich sitzend und mit einer Rose in der Hand. Ein langsames Gespräch entspinnt sich, dem Loti jedoch nicht viel Aufmerksamkeit schenkt, so sehr ist er von dem Ort selbst und seiner Ausstattung gebannt.

Nach einer weiteren Nacht, die er in seinem kleinen, gepflegten »europäischen Fluchtwinkel« verbringt, wird er am nächsten Tag durch den Fürsten D..., dem Bruder des Schahs, Seiner Hoheit Zell os-Soltan, vorgestellt, der das Amt des Statthalters von Isfahan inne-

hat. Von dessen Palast ist Loti allerdings enttäuscht, er hatte sich ein weniger modernes Haus erwartet. Nach den üblichen höflichen Gesprächen besucht Loti die Gärten, die an das Anwesen grenzen, was seine Laune merklich hebt. Sie führen ihn zum Palast der vierzig Säulen, auf persisch Tschehel Sotun. Er wurde von Schah Abbas II. 1647 für prunkvolle Empfänge erbaut und besitzt nicht mehr als achtzehn Säulen, die sich jedoch in einem riesigen Wasserbecken spiegeln und so in der verdoppelten Zahl wie fast vierzig erscheinen. Der eindrucksvolle Portalvorbau wird von zierlichen, geschnitzten Holzsäulen getragen und ist mit Spiegelmosaiken verziert. Die Räume selbst sind mit aufwendigen Wandmalereien geschmückt, welche Szenen von festlichen Empfängen und aus Schlachten zeigen; sie illustrieren die Geschichte der Dynastie der Safawiden. Loti ist von seiner Entdeckung ganz beglückt, lässt sie doch ein weiteres Mal die Erzählungen des Chevalier Chardin lebendig werden und erlaubt ihm einmal mehr, vom Glanz des Hoflebens und der Harems zu träumen.

Am Tag darauf widmet sich der Liebhaber des Schönen erneut der Suche nach Antiquitäten. Dieses Mal jedoch lässt er die kleinen Verkaufsstände unbeachtet, denn es öffnen sich ihm die Truhen einiger privater Händler in Häusern, in die nur ausgewählte Kunden vorgelassen werden. »Über düstere Treppenaufgänge und alte, schmale Stiegen, deren Stufen so hoch sind, dass die Füße wie auf eine Leiter gesetzt werden müssen, durch gewundene, alte Gänge, die sich wie zu Mausefallen verengen, dringen wir in wer weiß wie viele Behausungen aus früheren Zeiten vor, in denen eine Atmosphäre der Heimlichtuerei und des Misstrauens herrscht.« In kleinen, dämmrigen Zimmern lässt er sich auf Sitzkissen nieder und bekommt zunächst einen Tee angeboten, eine Geste, die üblicherweise jedes ernstere Gespräch und jeden Handel einleitet. Danach werden die verborgenen Schätze aus den alten Zederntruhen geholt und vor Loti ausgewickelt: eine lackglänzende Schatulle, mit wunderbaren Miniaturen verziert, auf denen Loti die zarte Anmut der geheimnisvollen persischen Frauen bewundern kann, jener Wesen,

OBEN RECHTS:
Schachpartie zwischen persischen Adeligen zu Beginn des Jahrhunderts. In den Gärten und Parks, wo die Bewohner der Städte im Sommer auf Schatten und frischere Luft hoffen, ist das Schachspiel auch heute eine sehr beliebte Erholung.

FOLGENDE DOPPELSEITE:
»Lapislazuli und Türkis, wie immer, eine hymnische Huldigung des Blau. Ein Strom kleiner blauer Zapfen, kleiner blauer Prismen ergießt sich von der Kuppel herab, verzweigt sich hie und da in blaues Spitzenwerk an den Wänden ... «
(Pierre Loti, *Nach Isfahan*)

die sich ihm auf seiner Reise immer nur als gespenstische Schatten zeigten; persische Ölmalereien aus dem 17. und 18. Jahrhundert, zwischen die sich ab und an das Gemälde eines holländischen Meisters verirrt hat; feinste Emailarbeiten, Brokatstoffe und andere kostbare Textilien; schließlich Teppiche aus Seide, deren fein geknüpfte, verschlungene Muster an die geheimnisvollen Kalligrafien alter Koranschriften erinnern. Welche der Gegenstände Loti für sich ausgewählt hat, verschweigt er seinen Lesern und erzählt stattdessen von einem weiteren Besuch in der Schule der Mutter des Schahs, in die er nochmals alleine zurückkehrt. Da er kein Unbekannter mehr ist, darf er in dem Gebäude nach Herzenslust auf und ab wandeln, und im Garten genießt er voller Glück die Heiterkeit und Ruhe, welche die blühenden Heckenrosen verströmen. Den folgenden Donnerstag, es ist inzwischen der 17. Mai, verbringt

Oben: Details aus den Wandmalereien im Palast der Vierzig Säulen. Sie vermitteln einen Eindruck vom Glanz der Empfänge am Hof der Safawiden-Herrscher.

Rechte Seite: Porträtaufnahme zweier Frauen zu Beginn des 20. Jahrhunderts. Außer dem vorgeschriebenen Tschador trugen die Frauen in den Städten noch eine weiße Halbmaske, die sie je nach Situation vom Gesicht nehmen konnten.

der Schriftsteller müßig, sein einziger Zeitvertreib besteht darin, heimlich drei Frauen zu beobachten, die in einem Garten Rosen pflücken. »Ich hatte sie mir schöner erhofft; die Bildnisse auf den Schatullen der Antiquitätenhändler hatten mich zu sehr verwöhnt und auch die wenigen unverschleierten Frauen auf den Dörfern, die ich während der Reise zu sehen bekommen hatte. Sie sind sehr blass, ein wenig zu füllig, dennoch nicht ohne Reiz, und ihre Augen haben noch den kindlichen Ausdruck vergangener Zeiten.«

Am Freitag, dem arbeitsfreien Tag der Muslime, begibt sich Loti zu einem Ausflug aufs Land, wie zahlreiche Perser auch, die dort im Freien ihr Picknick veranstalten. Unterwegs kommt er an den Ruinen zweier Paläste aus der Zeit der Safawiden vorbei, die seinen Beschreibungen nach ausladend und prächtig gewesen müssen, von denen heute jedoch nichts mehr zu sehen ist.

Flüchtige Silhouetten

»Sie ist zwanzig Jahre alt und eine kleine Schönheit, schelmisch und drollig, mit ihren runden, rosigen Bäckchen und ihren onyxfarbenen Augen, deren Wimpern wirken, als seien sie aus dem fedrigen Flaum der Raben gemacht...«

In der Zwischenzeit hat sich ein rauer Wind erhoben, durch den es auf dem Rückweg zu einem für Loti höchst erfreulichen Zwischenfall kommt. Einer weiblichen Gestalt vor ihm, die er ihrem Gang nach für eine alte Frau gehalten hatte, wird durch einen plötzlichen Windstoß der Schleier vom Gesicht geweht, und einen Augenblick lang lächelt ihm eine anmutige Schönheit zu. Loti ist von dieser unerwarteten Begegnung ganz bezaubert, die ihn mit der Frauenwelt Persiens wieder versöhnt. So kehrt er zufrieden in das Haus seines Gastgebers zurück, nicht ohne davor noch ein wenig in den Gärten zu verweilen, die an seiner Wegstrecke liegen und den betörenden Duft ihrer abertausend Rosen einzuatmen. Da dies sein letzter Abend in der blauen Stadt ist, hat er die ungewöhnliche Erlaubnis erbeten, noch durch die Stadt spazieren zu dürfen, auch wenn es schon Nacht ist. Zu der Zeit, in der Loti Persien besuchte, war noch jedes einzelne Viertel nachts durch schwere Tore verriegelt. So muss der nächtliche Spaziergänger mit seinen Begleitern jedes Mal nach dem Torwächter rufen, der sie dann bis zu der nächsten Pforte begleitet, wo ein anderer Wächter ihn ablöst. Loti ist voller Neugierde, doch in den schmalen, verlassenen Gassen, die er durchquert, wartet nichts als Einsamkeit und Trostlosigkeit auf ihn. Von Zeit zu Zeit geben die gemauerten Gewölbe den Blick auf den nächtlichen Sternenhimmel frei, und es dauert nicht lange, dann haben seine Schritte ihn auf den großen Platz geführt, wo er ein

letztes Mal die majestätische Moschee des Imam bewundert: »Und auch jetzt noch versteht sie es, blau zu erstrahlen, während überall sonst auf der Erde alle Farben vergangen sind; blau erhebt sie sich aus den Tiefen des nächtlichen Himmels, und neben ihrem Glanz wird die Nacht schwarz, ein Schwarz, das mit Sternen übersät ist.«
Am Samstag, den 19. Mai setzt Loti seine Reise fort, diesmal in einer Pferdekutsche, worin sich schon der Geist des Fortschritts und die Modernität Teherans ankündigt. Die Gärten und die Pappelhaine, von denen Isfahan umgeben ist, weichen bald den schon gewohnten, wüstenartigen Ebenen, an deren Horizont sich hohe Bergketten erheben. Während der eintönigen Durchquerung dieser Landschaft, die ihm schon bekannt vorkommt, kreuzt er den Weg des neu ernannten Wesirs der Provinz Fars mit seinem üppigen Gefolge. Drei Tage, einige Sandstürme und mehrere trostlose Ebenen später erreicht seine Kutsche Kaschan, die Stadt der Prinzessin Zobeide, die durch die Märchen aus Tausendundeiner Nacht unsterbliche Berühmtheit erlangte. Loti lässt sich den Weg zu der Karawanserei weisen, wo emsige Geschäftigkeit herrscht. Das Kommen und Gehen der reisenden Händler nimmt kein Ende, und selbst als es schon Nacht wird, kann Loti von seinem Fenster aus noch beobachten, wie eine Karawane mit fast zweihundert Kamelen Einzug hält, »alle mit barbarischem Prunk aufgeputzt, mit Federbüschen auf ihren Höckern, Hahnenfedern über der Stirn, Fuchsschwänzen an den Ohren und falschen Bärten aus aufgefädelten Muscheln.«
Am nächsten Morgen ist Loti schon früh wieder unterwegs. Ungesehen lässt er die Architekturschätze des 18. Jahrhunderts hinter sich zurück, mit denen die Stadt überreich gesegnet ist, was dem Schriftsteller aber offenbar nicht bekannt war. Loti glaubt, in Isfahan die wichtigsten Schätze der persischen Kunst gesehen und ihr Wesen begriffen zu haben, nun will er ohne große Verzögerungen nach Teheran und dann nach Europa zurück. Dennoch nimmt er sich unterwegs die Zeit, noch in Qom Halt zu machen, um das Heiligtum von Hazrat-e Ma'sume, der Schwester von Imam Reza, dem achten Imam, zu besuchen. Die in der Sonne funkelnden Goldkuppeln und die reich verzierten Minarette beeindrucken den Reisenden sehr, denn verglichen mit den zahlreichen Bauwerken, die er bis dahin gesehen hat, scheinen sie weitaus besser erhalten zu sein.
Vor Teheran wird dies zu seinem letzten, ausgedehnteren Zwischenaufenthalt, und unter tief hängenden Regenwolken gelangt er

schließlich in der Hauptstadt an, schon ganz von Abschiedsstimmung erfüllt. Die überfüllte Stadt missfällt ihm sofort, und er kann ihr kaum Reize abgewinnen. Obwohl er an der Stadt so wenig Gefallen findet und mit ihr »schnell an ein Ende kommen« will, macht er sich zu einigen Besuchen und Besichtigungen auf. Der Golestan, der alte Palast der Schahs bleibt ihm zunächst verschlossen, weil Schah Mozaffar od-Din auf Reisen in Europa weilt.
Doch einer der Wächter lässt ihn heimlich eintreten, und so kann Pierre Loti die Gärten und auch den Pfauenthron bewundern, der ganz mit Edelsteinen besetzt ist und von dem aus der Schah Recht spricht sowie die Staatsgeschäfte seines Reiches regelt. Danach begibt sich der Schriftsteller zur französischen Gesandtschaft, wo er während seines Aufenthalts wohnen wird. Diese liegt zwar normalerweise mitten in der Stadt, hat aber, um der drückenden Hitze zuvorzukommen, schon ihr Sommerquartier bezogen, das außerhalb von Teheran in einem wunderschönen Garten gelegen ist. Daher zieht Loti wieder aus dem Stadttor hinaus, dem Damawand entgegen.

Eine ungeliebte Hauptstadt

»... mit anderen Worten, dies ist der Endpunkt der Reise ...«

Am nächsten Morgen, als er nach Teheran zurückkehrt, liegt die Stadt von der Sonne beschienen vor ihm, und er ist nicht mehr ganz so enttäuscht wie am Tag zuvor. Er beschreibt die breiten Alleen, »die von hundertjährigen Ulmen gesäumt werden«, die zahlreichen Stände, an denen die Handwerker bei ihren altüberlieferten Künsten zu beobachten sind. »Über ihre Tische gebeugt fügen die Mosaikhandwerker winzige Körnchen aus Elfenbein, Kupfer und Gold aneinander. Geduldige Maler mit feinen Gesichtszügen verzieren längliche Kästchen für das Tintenzeug, spitz gebogene Schatullen für die Handspiegel der Damen sowie Kartons, in denen die heiligen Schriften verwahrt werden ...« Er wird von dem jungen Prinzen empfangen, der ihm einen Besuch im Golestan-Palast verspricht, und stattet dann dem Großwesir einen Besuch ab, der ihn zu einem Diner lädt. Beide Male findet der Schriftsteller die hoch gestellten Persönlichkeiten von ausgesuchter Höflichkeit und Gewandtheit, bedauert jedoch zugleich die enge Anlehnung an Europa und die Nachahmung europäischer Sitten.
Am 31. Mai bricht Loti zu seiner letzten Etappe ans Kaspische Meer auf. Die erste Station ist in Qazwin, wo er übernachtet, ohne die Stadt weiter zu besichtigen. Je weiter er von der Hochebene herunter zum Meer kommt, desto dichter und üppiger wird das Grün der Sträucher und Bäume. Zahlreiche heftige Gewitterregen gehen nieder, Wege werden unpassierbar und Brücken fortgeschwemmt, so dass das Vorwärtskommen in der Kutsche recht schwierig wird. Daneben aber muss Loti mit der maßlosen und völlig unerwarteten Trunksucht seiner neuen Diener und Kutscher fertig werden, die überall russischen Wodka trinken. Nur mit Stockhieben kann er sich Respekt verschaffen.
Doch die Fahrt vom Gebirge abwärts geht schnell dem Ende entgegen. Unterwegs wird noch die kleine Stadt Rascht passiert, dann ist unser Reisender im Hafen von Anzali angelangt. Dort verbringt er seine letzte Nacht in Persien, bevor er am nächsten Tag das Passagierschiff nach Baku besteigt, um von dort aus die Rückreise ins ferne Europa anzutreten. Am Abend, unter den Orangenbäumen wandelnd, die bis an den Strand reichen, blickt Loti in wehmütiger Stimmung noch einmal zu der Gebirgskette zurück, die sich wie eine Mauer hinter den Ufern erhebt und für ihn zum Sinnbild des entschwundenen Persien wird. Und seine Gedanken schweifen nach Isfahan, der »Stadt aus Lehm, der Stadt in Blau, die unter ihren dreihundertjährigen Platanen allmählich zu Staub zerfällt, mit ihren Palästen voller Mosaiken und erlesenen Fayencen, die von den Wänden bröckeln und unrettbar verloren sind«. Ein vergangenes und für immer verlorenes Paradies, für einen kurzen Moment nur im hellen Licht der persischen Hochebene aufgetaucht und beinahe wirklich geworden – ein romantisches, sehnsüchtiges Traumbild des Schriftstellers Pierre Loti.

LINKE SEITE:
Der Golestan-Palast, im Zentrum Teherans in der Nähe des großen Basars gelegen. Pierre Loti fand dort heimlich Einlass und bewunderte die Kunstschätze der Kadscharen.

UNTEN:
Schah Mozaffar od-Din, der von 1896 bis 1906 regierte, im Garten des Golestan-Palastes.

FOLGENDE DOPPELSEITE:
Auch der riesige Basar von Teheran verfügt über Ecken und Straßen, welche den Glanz des alten Persien, den Loti so wehmütig suchte, noch erahnen lassen.

۱۴۵
بازار
چهارسوبزرگ
منطقه ۱۲ شهرداری تهران
مسجد جامع

Robert Byron

Die Faszination der Architektur

»Was mich in den Iran reisen lässt, sind nicht so sehr die Erzählungen von Nachtigallen und Liebespaaren unter Bäumen (…), all die Vorstellungen, die wir von Omar Khayyam in unseren Köpfen haben. (…) Was vorher war, interessiert mich und hat für mich mehr Gültigkeit. Danach will ich suchen, nach dem unbekannten Persien.«

Robert Byrons große Leidenschaft war die Architektur. Die Reise in den Iran unternimmt er, um dort die Bauwerke aus der Zeit der Seldschuken und Timuriden zu studieren. Seine Aufzeichnungen zeugen von seinem ausgezeichneten Fachwissen – und der erzählerischen Begabung des jungen englischen Aristokraten. So vermittelt er ein anschauliches Bild von den politischen Zuständen in einem Land, das Anfang der dreißiger Jahre zwischen den Modernisierungsversuchen des autokratischen Herrschers Schah Reza Pahlawi und den Interessen der verschiedenen westlichen Großmächte eingespannt ist.

Linke Seite:
Die Kuppeln der Freitagsmoschee in Isfahan, deren »Großartigkeit durch den Farbenzauber der Safawiden wie auch der Timuriden nicht beeinträchtigt wird«.
(Robert Byron, *The Road to Oxiana*)

Robert Byron kann als einer der begabtesten Schriftsteller des *travel-writing* gelten, einer eigenen Gattung der Reiseerzählung, die vor allem nach dem Zweiten Weltkrieg sehr beliebt war. Er selbst war eine äußerst auffallende Persönlichkeit und unternahm während seines leider zu kurzen Lebens viele Reisen, über die er Bücher und auch zahlreiche Artikel veröffentlichte. Byron, der einem alten englischen Adelsgeschlecht entstammt, wird 1905 geboren. Von seiner Mutter, die leidenschaftlich gerne malt und in der National Gallery Gemälde alter Meister kopiert, erbt er den Sinn für die Kunst – und auch die Begabung dafür. In der Literatur, der Zeichnung und der Fotografie findet er ihm gemäße Ausdrucksmedien. Nach glänzend abgeschlossenen Studien in Eton und Oxford, wo er den Umgang mit Angehörigen der englischen Oberschicht pflegt, bricht er zu einer Reihe von Reisen ins Ausland auf und findet damit zu seiner großen Leidenschaft, die ihn Zeit seines Lebens nicht mehr loslässt. Sein erstes Reiseziel ist Griechenland mit dem Berg Athos, über den er eine Studie mit dem Titel *The Station. Athos: Treasures and Men* verfasst. In ihr untersucht er den Einfluss byzantinischer Traditionen auf die westliche Kunst. Danach führt ihn seine Begeisterung für Länder des Ostens bis nach Tibet, das er in seinem Buch *First Russia, then Tibet* beschreibt. Danach richtet er sein Augenmerk auf Persien und Afghanistan. Er unternimmt eine längere Reise dorthin, von der er in den Tagebuchaufzeichnungen seines berühmt gewordenen Bandes *The Road to Oxiana* erzählt. Erklärtes Ziel dieses Aufenthalts ist eine Art systematische Bestandsaufnahme der noch erhaltenen Bauwerke aus der Zeit der Seldschuken, um »zwei Faktoren herauszuarbeiten, die bis dahin unterschätzt worden waren: das Weiterwirken vorislamischer persischer Bautraditionen und der mittelalterliche Einfluss Zentralasiens«. Die ersten Pläne zu dieser Reise nach Persien reichen bis ins Jahr 1931 zurück. Damals lernt Byron Christopher Sykes kennen, einen jungen Diplomten, der mehrere Jahre an der britischen Gesandtschaft in Teheran verbracht hatte. Die beiden Männer verstehen sich auf Anhieb. Sykes ist voller Bewunderung für den adeligen Freund und beschreibt ihn Jahre nach dessen Tod als beeindruckende Persönlichkeit: »Augen mit einem aufmerksamen, durchdringenden Blick, vornehme Gesichtszüge, die eine gewisse Ähnlichkeit mit Porträts der Bourbonenkönige aufwiesen, und eine Stimme, deren schleppender Tonfall nicht verbergen konnte, dass dahinter eine Person von außerordentlicher Vitalität steckte.« Als Byron und Sykes nach einem ausgelassenen Abend gemeinsam das Hotel Savoy verlassen, stellen sie fest, dass sie die gleichen Vorlieben und Leidenschaften teilen. Auf der Stelle beschließen sie, eine gemeinsame Reise nach Persien und Afghanistan zu unternehmen. Die Fotografien, die Christopher Sykes von seinem früheren Aufenthalt in Persien mitgebracht hat, vor allem die Aufnahmen von Gonbad-e Qabus, überzeugen Byron vollends. Ein Treffen im April 1933 mit Upham Pope, einem herausragenden Persienkenner seiner Zeit, dem der wichtige Band *Persian Survey* zu verdanken ist, bestärkt ihn weiter in seinem Beschluss und Byron drängt auf eine baldige Abreise.

Im Mai 1933 gewährt ihm Macmillan – der Verlag, in dem seine vorhergehenden Bücher erschienen waren – einen Vorschuss von 100 Pfund für einen geplanten Reisebericht mit dem Titel *The*

Eines der ersten Bauwerke, das Byron auf dem Weg von der irakischen Grenze in die Hauptstadt Teheran besichtigt, ist ein Grabmal der Seldschuken aus dem 12. Jahrhundert, das Gonbad-e Alavian in Hamedan: »Ein Mausoleum (...), dessen unbemalte Stuckverzierung in überbordender pflanzlicher Fülle wuchert und doch so fein ausgearbeitet, so streng geordnet ist wie in Versailles.«
(Robert Byron, *The Road to Oxiana*)

Road to Oxiana. Außer Byron wollen auch noch weitere Bekannte aus seinem exzentrischen Freundeskreis in den Iran reisen, und zwar in Wägen, die mit Holzkohle betrieben werden. Sie tauchen in seinem Buch immer wieder auf, in dem er sie nur als die »Kohlenbrenner« bezeichnet. Die mit ihnen auf der Reiseroute geplanten Treffen kommen jedoch aufgrund verschiedener Missgeschicke so gut wie nie zu Stande. Es scheint aber noch einen anderen Grund für die Reise und ihren Zeitpunkt gegeben zu haben, der nur vermutet werden kann. Wie sein berühmter Landsmann T. E. Lawrence vor ihm, besser bekannt unter dem Namen Lawrence von Arabien, hat möglicherweise auch Byron für den Geheimdienst Seiner Majestät gearbeitet und war darum nicht nur als Forscher und Literat, sondern vielleicht noch mit anderem Auftrag unterwegs.

Eindeutige Beweise hierfür liegen bis jetzt nicht vor, doch eines war zum Zeitpunkt der Reise offenkundig: dass die europäischen Großmächte mit größerem Interesse als jemals zuvor auf das Land blickten. Reza Pahlawi, der neue Herrscher, war zwar mit Unterstützung der Engländer an die Macht gekommen, verhielt sich jedoch nicht so, wie die Briten es erhofft hatten. Das inzwischen bolschewistische Russland schien nur auf einen Vorwand zu warten, um im Norden des Landes die reichen Agrarprovinzen zu besetzen, wie dies in der Vergangenheit schon mehrmals der Fall gewesen war. England selbst wollte weiter im Hintergrund die Politik des Landes bestimmen, vor allem aber die wichtigen Einnahmen aus den Erdölfeldern nicht verlieren. 1908 war die erste Ölquelle von einem Engländer entdeckt worden und seither operierte die »Anglo-Persian Oil Company«. Aber auch die Deutschen warfen begehrliche Blicke auf das Land und seine kostbaren Bodenschätze – und dies umso mehr, als sie sich von einem Bündnis mit Persien wichtige geopolitische Vorteile erhofften und damit die Vormachtstellung des britisch-indischen Empire aufbrechen wollten. Gründe, in geheimem Auftrag Agenten in das Land zu schicken, gab es wahrscheinlich für jede Nation mehr als genug.

»Wenn ein solcher Prunk allein mit einem Stück Gips und einem Meißel geschaffen wird, statt dafür alle Reichtümer der Welt zu benötigen, dann ist dies allein dem geistigen Entwurf zu verdanken.«
(Robert Byron, *The Road to Oxiana*)

Wie es sich auch immer verhalten haben mag, Byrons Begeisterung für die Architektur jedenfalls ist unstrittig und durch sein riesiges, schon zu Lebzeiten der Conway Library am Courtauld Institute vermachtes Fotoarchiv auch bestens dokumentiert. Sein Reisegefährte beschreibt ihn im Übrigen als einen aufmerksam beobachtenden, stets gehetzt wirkenden jungen Mann, »der mit schnellen Schritten durch die Straßen ging, die Schultern gebeugt, was mit dem Gewicht der Fotoapparate und des ganzen Zeichenmaterials zu tun hatte, eine Zigarette im Mundwinkel, die er nie herausnahm, weil ihm einfach die Zeit dazu fehlte, und die wohl bewirkte, dass er immer wie mit einem leichten Seufzer atmete. Er schien stets von einem Minarett zur nächsten Moschee zu rasen.«

Ein Ästhet mit strengen Maßstäben

»Was die islamische Kunst betrifft, so lassen die Bauten hier den faden Nachgeschmack der Alhambra und des Taj Mahal vergessen. Um ihn loszuwerden, bin ich nach Persien gekommen.«

Am 3. Oktober 1933 erreicht Byron Teheran. Eineinhalb Monate zuvor war er aufgebrochen und zunächst nach Venedig, von dort aus nach Zypern, anschließend nach Palästina und schließlich durch Syrien und durch den Irak gereist. Unterwegs hatte sich ihm sein Reisegefährte Christopher Sykes angeschlossen. Das Land, das der ästhetisch gebildete englische Aristokrat erkunden will, ist nicht mehr dasjenige, das Pierre Loti einst besucht hatte. Vieles hat sich verändert. Die dekadente Dynastie der Kadscharen ist von ihrem Thron vertrieben worden. Reza Pahlawi, ein wortkarger, ungebildeter Militär, der zuvor an der Spitze eines persischen Kosakenregiments stand, ist der neue Schah. Er will sein Land um jeden Preis modernisieren und aus ihm einen Musterstaat für den ganzen Mittleren Osten machen, wobei ihm teilweise sein Nachbar Atatürk als Vorbild dient. Reza Pahlawi hat vor allem einen wichtigen Trumpf in der Hand, und das ist das Erdöl – auch heute noch ein überaus wichtiger Wirtschaftsfaktor, der dem Iran ökonomische Stabilität garantiert. Das Erdöl hat dem Land aber nicht nur einen beachtlichen Geldsegen beschert, sondern auch die Lebensgewohnheiten und den Alltag der Bewohner nachhaltig verändert. Autos, Busse und vor allem Lastwagen sind durch das Land unterwegs und verdrängen allmählich die Karawanen mit ihren Maultieren und Kamelen. Als die beiden Engländer das Land bereisen, um die architektonischen Schätze des alten Persien zu entdecken, benutzen sie ganz selbstverständlich moderne Transportmittel und können sich weitaus schneller und bequemer fortbewegen als etwa Pierre Loti.
In Teheran hat Byron sofort Zugang zu den Zirkeln der dort leben-

den Europäer, hauptsächlich Diplomaten, die ein reges Gesellschaftsleben führen und zahlreiche Empfänge veranstalten. Aufgrund seiner vielfältigen Kontakte, die auch hohe persische Beamte und gebildete persische Privatleute einschließen, ist es ihm möglich, das politische Geschehen des Landes ganz aus der Nähe zu verfolgen. In seinem Reisebericht finden sich hierzu ausführliche Analysen und Kommentare. Schah Pahlawi, der darin nur Marjoribanks genannt wird, weil der Name des Schahs aus Ehrerbietung und Respekt vor Seiner Hoheit nicht genannt werden darf, wird von Byron durchaus kritisch gesehen. Zum Tod eines Würdenträgers, der im Gefängnis gestorben war, notiert Byron am 5. Oktober: »Die Gerichtsbarkeit hier untersteht ausschließlich einer Person, und zwar dem König. (...) Marjoribanks regiert sein Land mittels der Furcht, und die größte Furcht ist die vor einem Fußtritt des Königs. Man kann nun durchaus einwenden, dass dies in einer Zeit, in der die Waffen üblicherweise aus der Ferne töten, sogar für ihn spricht.« Neben dem gesellschaftlichen Leben, das Byron führt, vertieft er sich in Studien zur Geschichte des Landes und bereitet seine Reisen vor. Während seines ganzen Aufenthalts wird er diesen Wechsel zwischen selbstverständlichem Luxus und Ausflügen in die Kulturgeschichte des Landes, durchsetzt mit sozialen und politischen Beobachtungen, weiter pflegen – eine Haltung, die wahrscheinlich nur ein Oxford-Absolvent in dieser Mischung aus Neugierde und Distanz, Mitgefühl und Spott, einfachem Umgang und exaltiertem Snobismus an den Tag legen kann. Bei Sykes findet sich die Erinnerung an einen Morgen auf dem Weg nach Isfahan, wo Byron sich weigerte weiterzufahren, bevor er seinen allmorgendlichen Tee getrunken habe. »Eines meiner Grundprinzipien«, so verkündete Robert Byron im vollen Brustton der Überzeugung, »ist es, stets als erstes Tee zu trinken.«

LINKE SEITE:
Tabriz hat aus vergangenen, glanzvolleren Zeiten noch Reste bewahrt. Die Straßen des Teppichbasars befinden sich unter kunstvoll gemauerten Backsteingewölben.

UNTEN:
Frauen in traditioneller Tracht holen Wasser aus einem Brunnen der Stadt. Fotografie um 1900.

UNTEN:
Hinter den Bergen von Tabriz öffnet sich eine weite Hügellandschaft, die zu dem riesigen Salzsee von Orumie hinabreicht. Eine Landschaft, die Byron mit dem irischen Donegal vergleicht.

RECHTE SEITE:
In Aserbaidschan finden sich noch einige der traditionellen, abgelegenen alten Dörfer wie Kandovan. Der Sage nach sollen vor 800 Jahren fliehende Soldaten hier in den Felsen Zuflucht gefunden haben, woraufhin sie sich dort ihre Behausungen einrichteten und an dem Ort blieben.

Nach zwei Wochen in Teheran brechen die beiden jungen Männer zu einer Reise auf, die sie in die Gebirgsgegend von Aserbaidschan führen soll. Byron will dort die Städte Tabriz, Maraqe und Ardebil besuchen. Gleich zu Beginn werden sie mit den Unwägbarkeiten, die eine Reise durch den Iran mit sich bringt, konfrontiert: ein Lastwagen, der sie mitnehmen wollte, erscheint nicht am verabredeten Treffpunkt, ein Taxifahrer, mit dem sie verhandeln, will nicht auf ihre Wünsche eingehen und Ähnliches mehr. Mehr schlecht als recht gelingt es den Reisenden schließlich, noch bis Qazwin zu kommen, wo sie die Nacht verbringen.

Dort mieten sie am nächsten Morgen einen weiteren Wagen mit Chauffeur, um zu dem ersten Baudenkmal zu gelangen, das sie besichtigen wollen, dem Mausoleum des Soltanie. Dieses Mal ist es nicht der zunächst geforderte Fahrpreis, der die Geduld des Schriftstellers auf eine harte Probe stellt, sondern seine Fahrweise. Die Szene ist von Byron in *The Road to Oxiana* anschaulich wiedergegeben – in dem überlegenen und stets leicht spöttischen Tonfall, der für ihn charakteristisch ist und sein ganzes Reisejournal durchzieht. »Als er ein Schlagloch mit vierzig Meilen in der Stunde nahm, und ich mit meinem Kopf gegen eine Holzstrebe knallte, gab ich ihm einen heftigen Stoß in den Rücken. Der Wagen hielt an. Wir baten weiterzufahren. Das tat er auch, mit einer Geschwindigkeit von zehn Meilen in der Stunde. Wir baten ihn, schneller zu fahren. Das tat er auch, doch nur kurze Zeit. Dann verlangsamte er wieder sein Tempo.« Daraufhin entspinnt sich folgender Dialog:

CHRISTOPHER: Schneller! Schneller!

FAHRER: Wie kann ich fahren, wenn ihr mich in den Rücken stoßt?

BYRON: Fahr weiter!

FAHRER: Wie kann ich fahren, wenn der Aga (auf persisch ›Herr‹), mich nicht mag?

CHRISTOPHER: Fahr vorsichtig. Wir haben nichts gegen dich, wir hassen nur eine riskante Fahrweise.

FAHRER: Ich Armer, wie soll ich da fahren können? Der Aga hasst mich. Ach, mein Leben ist schwer.

CHRISTOPHER: Der Aga hat nichts gegen dich.

FAHRER: Wie kann das sein, wenn ich doch einen Schädelbruch verursacht habe?

Der Streit endet schließlich einige Kilometer weiter vor einer Polizeistation, wo die beiden Reisenden dem Fahrer zu verstehen geben, dass sie ihm zuvorkommen und sich über ihn beschweren werden. Daraufhin gibt der Chauffeur klein bei, da er fürchten muss, in eine für ihn unangenehme Situation verwickelt zu werden – zumal seine Fahrgäste vornehme Ausländer sind. Die Fahrt geht also weiter. Die Szene verrät einiges über den privilegierten Status der europäischen Reisenden in jener Zeit, auch wenn Byron sich in seinem Text immer wieder über die vielen Schikanen auslässt, denen zum Trotz er sein Vorhaben durchführt. Bei aller Neugierde auf die fremden Welten und trotz einem aufgeklärten, menschenfreundlichen Blick, ist doch das Erbe der alten Kolonialmacht noch deutlich spürbar.

Wachsende Neugierde

»Ich bin von Persien inzwischen so fasziniert, dass ich nicht wieder abreisen möchte.«

Nach einer stundenlangen Fahrt, die zwischen zwei Bergketten hindurchführt, taucht endlich der Turm von Soltanie vor den beiden Reisenden auf. Mit seinen 53 Metern Höhe ragt er deutlich sichtbar aus der flachen Talebene. Auch heute noch fällt es unterwegs auf der Straße nach Zandschan schwer, sich vorzustellen, dass sich um diesen Turm als Mittelpunkt einst eine bedeutende Stadt von der Größe des heutigen Tabriz erstreckte. Sie wurde von den Mongolen, die das Land besetzten, gegen Ende des 13. Jahrhunderts gegründet. Das Mausoleum selbst wurde zwischen 1303 und 1313 erbaut, und zwar auf Weisung des Fürsten Oldschaitu, der darin die als Reliquien verehrten Gebeine von Ali und Hossein bestatten wollte, dem ersten und dem dritten Imam des schiitischen Islam. Doch die islamischen Rechtsgelehrten aus Nadschaf, welche die Reliquien verwahrten, stimmten einer Umbettung nicht zu, und so wurde in dem Grabmal schließlich Oldschaitu selbst bestattet.

Vor dem Bauwerk lässt Byron seiner Begeisterung freien Lauf: »Dieses gewaltige Denkmal des Mongolenreichs zeugt von der männlichen Kraft Zentralasiens, die unter den Seldschuken, Mongolen und Timuriden zu den schönsten Ergebnissen persischer Baukunst führte. (...) Sie ist noch durchdrungen von Kraft, während ihre Nachfahren nur noch zu malerischer Raffinesse fähig

sind.« Als er sechs Monate später – nach einer Exkursion in den Süden Persiens und vor seiner endgültigen Weiterreise nach Afghanistan – den Turm von Soltanie ein weiteres Mal aufsucht, notiert er: »Ein letzter Besuch des Grabmals von Oldschaitu. Es war das erste bedeutende Bauwerk, das ich in Persien zu Gesicht bekam. Doch ich hatte damals noch keinen Vergleichsmaßstab, und so fürchtete ich, jetzt enttäuscht zu werden. Das ist nicht der Fall.«

Von Soltanie fahren Byron und Sykes noch weiter bis Zandschan, wo sie übernachten. Am nächsten Tag nimmt sie ein Lastwagen nach Tabriz mit. Zu der Stadt, deren alte Viertel von den Russen 1908 zerstört wurden, gibt Byron einen sehr lakonischen Kommentar ab: »Plüschfarbene Berge, zu denen zitronengelbe Hügel hinführen; ein trinkbarer Wein und ein ekelhaftes Bier; mehrere Meilen prächtiges Basargewölbe aus Backstein; und ein neuer Stadtgarten mit einer Bronzestatue von Majoribanks in einen Umhang gehüllt.« Zwei Bauwerke fesseln in der Stadt dennoch seine Aufmerksamkeit. Zunächst einmal die Überreste der Blauen Moschee, die in der Zwischenzeit teilweise restauriert und wegen ihrer türkisblauen Keramikkacheln aus dem 15. Jahrhundert gerühmt wurde. Außerdem erwähnt Byron noch eine Zitadelle, die so genannte Arg-e Ali Schah. Wie er richtig vermutet, handelt es sich bei dem mächtigen, aus Backstein gemauerten Bogen um den letzten Überrest einer riesigen Moschee, die Anfang des 14. Jahrhunderts erbaut worden war.

Im 19. Jahrhundert wurde sie zu makabren Zwecken genutzt: Die zum Tode Verurteilten wurden gezwungen, hinaufzuklettern und sich dann von dem höchsten Punkt des Gemäuers herabzustürzen. Byron, den diese Vergangenheit des Ortes wenig kümmert, genießt den Sonnenuntergang und tanzt mit seinem Reisegefährten übermütig einen Walzer.

VORANGEHENDE DOPPELSEITE:
Die kleine Stadt Maraqe besitzt drei Grabtürme »von klassischer Vollkommenheit«, wie Byron schreibt, »und von solcher Ausdruckskraft, dass sich den Europäern dadurch neue Welten erschließen«.

LINKE SEITE UND OBEN:
In der weiten Hügellandschaft zwischen Maraqe und Mianeh liegt auch das Dorf Aq Bolaq, in dem Byron und sein Reisegefährte eine Nacht verbrachten. Seither hat sich dort wenig verändert.

Von Tabriz nach Maraqe

»Wir sind heute morgen vier Stunden bis nach Maraqe gefahren, durch eine Landschaft, die mich an Donegal erinnerte.«

Am folgenden Morgen verlassen die beiden Männer die Stadt wieder und brechen in Richtung Maraqe auf, wo sie verschiedene Grabstätten aus unverputztem Ziegelstein besichtigen wollen – eine Bauweise, die Byron besonders fasziniert. Das erste Bauwerk ist der Gonbad-e Kabud, ein achteckiger Backsteinturm, der mit vereinzelten Keramikkacheln geschmückt ist und im Jahr 1196 errichtet wurde. Auf das zweite Mausoleum stoßen die Reisenden per Zufall, als sie die Stadt schon wieder verlassen wollen. Es handelt sich um den 1147 erbauten Gonbad-e Sorkh, ein mächtiges quadratisches Backsteingebäude. Die Einwohner erzählen auch von einem alten Observatorium außerhalb von Maraqe, Rasadkhane genannt, das von Hülegü im 13. Jahrhundert auf Betreiben des Gelehrten Khadsche Nasir od-Din Tusi angelegt wurde. Byron beschließt, sich zu Pferd zu der Stätte aufzumachen, die einige Kilometer vor der Stadt liegen soll. Als er auf der beschriebenen Stelle der Hochebene angelangt ist, ist seine Enttäuschung groß, denn er trifft dort lediglich auf eine ebene Fläche »mit mehreren Hügeln, auf die aus den vier Himmelsrichtungen gepflasterte Wege zuliefen, die sich im rechten Winkel kreuzten«.

Ausgiebig bewundert er den großartigen Panoramablick, der über die umliegenden Berge bis zum See Orumie reicht. Auf dem Rückweg entdecken die beiden Engländer auf halber Höhe unverhofft eine Höhle, in der sich zwei aus dem Stein gehauene Altäre befinden, wahrscheinlich eine Kultstätte der Zarathustra-Anhänger, wie auch Byron mutmaßt. Seitlich von ihnen führen Gänge in den Felsen hinein, die bis heute nicht erforscht wurden, da Steinbrocken und ihr steiler Verlauf dies so gut wie unmöglich machen. Bis in die Gegenwart haben sich hartnäckig Gerüchte gehalten, dass mittels dieser Korridore eine geheime Verbindung zum darüber gelegenen Observatorium bestand, vor allem aber zu der sagenumwobenen Bibliothek des Gelehrten Tusi, in dessen Besitz sich tausende von wertvollen Manuskripten befanden.

Am Tag darauf verlassen Byron und Sykes Maraqe schon wieder. Sie wollen für ihre Weiterreise diesmal keinen Lastwagen und kein Taxi benutzen, sondern haben beschlossen, mit Pferden über die Gebirge Aserbaidschans nach Mianeh zu reiten. Sie hoffen, auf diese Weise einige Bauwerke zu sehen zu bekommen, die noch nicht auf den Landkarten verzeichnet sind. Ihr einziger Begleiter ist ein

Diener namens Abbas, mit dem sie einige Auseinandersetzungen in Geldfragen haben. Die Nächte verbringen sie in abgeschiedenen Bergdörfern, meistens im Haus des Ortsvorstehers. Byron genießt die Schönheit der Landschaft, die er mit der einfühlsamen Genauigkeit und der Hingabe eines Malers beschreibt: »Kleine weiße Wolken leuchten am blauen Himmel. Wir reiten über sanfte Hänge bergan, und um uns breitet sich eine graubraune, gewellte Landschaft aus, in deren Falten graue, befestigte Dörfer verborgen sind; zu den fernen Bergen hin geht sie in rosa und zartgelb gestreifte Hügelrücken über und wird schließlich von hintereinander gestaffelten, blasslila Felszacken begrenzt. Die Berggipfel oberhalb von Tabriz sind unsere ständigen Begleiter sowie ein Schwarm gelber Schmetterlinge.«

Bevor die beiden Männer Mianeh erreichen, um von dort aus nach Zandschan und anschließend nach Teheran weiterzureisen, übernachten sie ein letztes Mal in einem kleinen Dorf namens Aq Bolaq. Ihr Gastgeber erzählt, dass vor siebzehn Jahren einmal vier Russen in den Ort gekommen seien. Dies seien bisher die ersten und letzten »Franken« gewesen, die jemals in der Gegend aufgetaucht waren. Auch heute noch ist Aq Bolaq ein von aller Welt abgeschnittener Ort, in dem Reisende noch genauso bestaunt werden wie zu Byrons Zeiten. Die ruhige, heitere Abgeschiedenheit inmitten der Hochebene hat die Zeit unverändert überdauert und der Ausblick über das weite Land wirkt wie unberührt von allen technischen Neuerungen der Moderne.

Am 24. Oktober sind die Reisegefährten wieder in Teheran und mieten sich in einer von Franzosen geführten Pension, dem Coq d'Or ein. In einem Brief, der das Datum desselben Tages trägt, schreibt Byron seiner Mutter voller Begeisterung von seinen architektonischen Funden, aber erwähnt auch die ungeheure Weite des Landes und die Zeit, die es braucht, um es wirklich zu erkunden: »Vor allem aber sind es die persischen Backsteinbauten, die mich

Schon als Byron den Iran durchquerte, benutzte er unter anderem Busse. Sie sind bis heute ein sehr beliebtes und günstiges Reisemittel – und ermöglichen es den Reisenden, auf einfache Art Kontakt zu Einheimischen herzustellen, wenn auch auf weniger abenteuerliche Weise als in Byrons Erzählung.

Vorangehende Doppelseite: Innenansicht der Freitagsmoschee in Isfahan mit ihrem prächtig gearbeiteten mihrab. Nach der Entdeckung dieser Architekturschätze stellte Byron Isfahan in eine Reihe mit Athen, Rom und anderen wichtigen Stätten der Menschheitsgeschichte.

Oben: Die Freitagsmoschee in Isfahan. »Schon die Wahl des Materials verrät die Ökonomie der eingesetzten Mittel: harte, mausgraue kleine Ziegelsteine, die alle Verzierungen aus kufischen Schriftzeichen und alle Stuckarbeiten ihrem puritanischen Gestaltungswillen unterordnen.« (Robert Byron, *The Road to Oxiana*)

Rechte Seite: Detail des Kachelschmucks der Freitagsmoschee, die größtenteils aus dem 11./12. Jahrhundert stammt, jedoch später durch weitere Gebäudeteile ergänzt wurde.

begeistern – weitaus mehr als die späteren Bauwerke mit ihren Fayencen. Nirgendwo sonst hat es eine solche Verwendung des Ziegelsteins gegeben. Alles, wovon die Holländer und die Deutschen glauben, dass sie es erfunden haben, alles, was für so modern gehalten wird, haben diese Bauten schon vorweggenommen – und noch viel mehr. Ich werde noch einmal hierher zurückkommen müssen, die Entfernungen sind so riesig, dass das Reisen seine Zeit braucht. Kein Ort ist weniger als hundert Meilen von dem nächsten entfernt.« Trotz der großen räumlichen Distanz und obwohl er dem Postwesen nur bedingt vertraut, schickt der Schriftsteller regelmäßig Briefe an seine Mutter, denen er manchmal Skizzen aus seinem Notizbuch und andere Zeichnungen beifügt. Er hielt dies im Übrigen sein ganzes Leben lang und auf allen seinen Reisen so – was bei diesem so kühn und selbstsicher wirkenden Weltenbummler erstaunen mag.

In Teheran verbringt Byron die folgenden Tage mit offiziellen Besuchen, besichtigt verschiedene Bauwerke und zieht Erkundigungen ein für die geplante Reise nach Afghanistan. Er will die »Kohlenbrenner« abwarten, um mit ihnen die Fahrt fortzusetzen, doch als er erfährt, dass sie hinter Beirut mit Motorproblemen liegen geblieben sind, beschließt er alleine loszufahren. Er brennt darauf, endlich nach Herat zu gelangen, und kauft sich einen eigenen Wagen. Mit weiteren vier Tagen Verzögerung, die ihren Grund in rechtlichen und verwaltungstechnischen Verwicklungen haben, bricht er schließlich auf.

Doch sein Glück währt nicht lange: Denn hundert Kilometer hinter Teheran bricht an dem Wagen, der ihm schon vorher Unannehmlichkeiten beschert hatte, die hintere Achse. Der Schaden ist nicht mehr zu beheben, und so setzt Byron die Reise bis Maschhad in einem Bus fort. Dort erlebt er mit einigen betrügerischen Pilgern, ihren Frauen und dem Busfahrer wahre Abenteuergeschichten. In der heiligen Stadt Maschhad, in der die Gebeine des Imam Reza ruhen, bleibt er ein paar Tage und kommt schließlich am 21. November in Herat an. Bis Mitte Dezember hält er sich in Afghanistan auf, wo er zahlreiche historisch bedeutende Stätten aufsucht. So besichtigt er etwa die immer noch beeindruckenden Überreste der Moschee, die einst Goharschad, die berühmteste Herrscherin in der Geschichte islamischer Dynastien, in Herat hatte errichten lassen. Seine Freunde, die »Kohlenbrenner«, treffen mit großer Verspätung schließlich ein, müssen jedoch unverzüglich in eine andere Richtung weiterfahren, und Byron, der nicht alleine durch Turkmenistan reisen will, beschließt nach Persien zurückzukehren.

Er will dort weiter seinen Forschungen nachgehen und bis zum Frühjahr warten, der günstigeren Jahreszeit für Reisen in die unwirtlichen Landstriche Zentralasiens. Noch ist jedoch nicht sicher, ob er auch über die finanziellen Mittel verfügen wird, um seinen Aufenthalt so weit zu verlängern. Denn der Vorschuss seines Verlegers schwindet dahin und wird keinesfalls für so viele Monate ausreichen. Das Weihnachtsfest feiert er in Maschhad mit dem dortigen englischen Konsul und kehrt dann nach Teheran zurück, wo er fast einen Monat bleibt. In seinen Aufzeichnungen berichtet er von mehreren Besuchen bei dem afghanischen Botschafter Schir Ahmad, er wohnt außerdem einer Aufführung des *Othello* auf Armenisch bei sowie der Vorführung eines nationalsozialistischen Propagandafilms. Byron bemerkt lakonisch, dass »Hitler, Goebbels und die Übrigen« den ganzen Film über wie üblich brüllten, und ist froh, kein Deutscher zu sein. Sein Aufenthalt in Teheran langweilt ihn. Die Stadt ist für ihn lediglich ein unliebsamer Zwischenaufenthalt, der zur Erholung und zur Vorbereitung auf die nächsten Reisen dient. Diesmal muss er abwarten, bis die Straße nach Isfahan, die verschneit und vereist ist, wieder befahren werden kann.

Am 8. Februar bricht er endlich in Richtung Süden auf. Die Reise dauert drei Tage und ist äußerst mühsam, da die Straße aufgrund von Überschwemmungen immer wieder unpassierbar ist. In Isfahan angekommen, macht Byron lediglich einen kurzen Rundgang, um einen Blick auf die wichtigsten Bauwerke zu werfen, und fährt dann nach Schiraz weiter, vom dem er ganz entzückt ist: »Der Süden! Gepriesen sei der Süden! Das Gefühl, das mich beflügelt, erinnert an einen ersten Morgen am Mittelmeer. Die Sonne scheint, und es ist kein Wölkchen am Himmel zu finden. Die schwarzen Spitzen der Zypressen stechen gegen den matten eierschalenfarbenen Farbton der Hügel ab. In der Ferne leuchten purpurrot die Berge, deren Gipfel von Schnee bedeckt sind. Türkisfarbene, gebauchte Kuppeln auf hohen Stelzen ragen aus einem Meer flacher Lehmdächer empor.« Nach einem Ausflug von mehreren Tagen, der ihn in die Dörfer der umliegenden Berge führt, sowie einem Besuch in Persepolis, das er in einem Brief an seine Mutter enttäuschend findet, kehrt er nach Isfahan zurück. Er trifft dort am 5. März ein und bleibt fast zwei Wochen – Zeit genug, die Architektur der Stadt ausführlich zu studieren, und allmählich ihrem ganz eigenen Charme zu verfallen: »Die Schönheit Isfahans stiehlt sich ganz unbemerkt in die Sinne. Man fährt breite Straßen zwischen weiß getünchten Baumstämmen und unter einem Dach schimmernder Zweige entlang, an Kuppeln in Türkis und Frühlingsgelb vorbei, die in einen Himmel von glänzendem violetten Blau ragen. (...) Und bevor man sich's versieht, hat Isfahan sich unauslöschlich eingeprägt, hat sein Bild sich zwischen all jene Orte eingereiht, deren Erinnerung für immer ganz besonders wertvoll bleiben.«

Yazd, der Schatz in der Wüste

»Heute jagte ein Kunstwerk das nächste, bis wir am Ende des Tages fast zu müde waren, um noch zu Fuß nach Hause gehen zu können.«

Mit leichtem Bedauern verlässt Byron schließlich Isfahan und macht sich auf den Weg nach Yazd und Kerman, zwei Städte, die damals bei Reisenden noch kaum bekannt waren, von denen er jedoch in dem dreißig Jahre zuvor veröffentlichten Reisebericht *Ten Thousand Miles across Persia* von Major Percy Sykes gelesen hatte. Vor seiner Abreise schreibt der Schriftsteller seiner Mutter außerdem von seinem Vorhaben, noch bis zur Wüstenstadt Bam weiterzufahren, die schon in der Provinz Belutschistan liegt. Doch finden sich weder fotografische noch sonstige schriftliche Belege dafür, dass er diesen Plan auch tatsächlich durchgeführt hat. Als die Straße ihn durch die Wüste Persiens führt, an der er bis dahin nur entlanggefahren war, erscheint sie ihm »weiter, schwärzer und käl-

Unten:
Als Byron das Land bereiste, standen von der Freitagsmoschee in Yazd nur noch Ruinen. Inzwischen ist die Fassade aufwendig restauriert worden.

Rechts und rechte Seite:
Eindrücke aus einer Stadt in der Wüste: Blick auf die Dächer von Yazd; Zugang zu einer der Zisternen; verwinkelte, schmale Gassen in den Altstadtvierteln, die vor der Sonne geschützt sind.

Folgende Doppelseite:
»Stadt und Wüste sind von derselben Farbe, aus demselben Stoff; die Stadt erwächst aus der Wüste, und die hohen Windtürme als Zeugen der Hitze sind ein Wald, wie er ganz natürlich dort gewachsen sein könnte.«
(Robert Byron, *The Road to Oxiana*)

ter als jede andere Wüste der Welt«. Die einzigen Erhebungen, die in der unermesslich weiten Fläche aufragen, sind die Entlüftungskamine der *qanats*. Mit Hilfe dieser unterirdischen Kanäle ist es möglich, von den Bergen bis weit in die Ebenen hinab für eine Bewässerung der Pflanzenkulturen zu sorgen.
Als Byron in Yazd ankommt, ist er beunruhigt, da er für diese Stadt kein Empfehlungsschreiben in der Tasche hat und befürchtet, sie nicht ungehindert besichtigen zu können. Doch sein persischer Diener Ali, der ihn seit Schiraz begleitet, verfügt über beste Beziehungen zu dem Gouverneur des Ortes, und so wird Byron bestens empfangen und kann sich auf seiner Besichtigungstour frei bewegen. Um sich einen Überblick über die selbst von Major Sykes nur sehr kurz beschriebene Stadt zu verschaffen, begibt er sich als erstes auf eines ihrer Dächer. Was er sieht, lässt ihn sofort neugierig werden, und wenig später ist er den ganzen Tag lang von Bauwerk zu Bauwerk unterwegs. Vor allem von der Freitagsmoschee, deren hohes Portal mehr als dreißig Meter über die Dächer aufragt, zeigt er sich beeindruckt und vergleicht sie mit den prächtigen Bauten, die er in Herat gesehen hatte. Die Moschee, die im 14. Jahrhundert an der Stelle einer alten Feuerkultstätte errichtet wurde, besitzt die zwei höchsten Minarette im Iran und weist im Inneren raffiniert gemusterte Mosaiken in leuchtenden Blautönen auf.
Hinter einfachen Mauern entdeckt Byron im Gewirr der Gassen zahlreiche sehenswerte Baudenkmäler: Kuppeln, die mit kufischen Schriftzeichen verziert sind, eine weitere Moschee aus dem 14. Jahrhundert, die Madsched-e Vaqt-o-Sa'at, sowie das Mausoleum der zwölf Imame aus dem 12. Jahrhundert, auf dessen Mauern ein dreifacher Fries die Namen der zwölf schiitischen Imame wiederholt. Zum Zeitpunkt von Byrons Aufenthalt gibt es nur eine breite Straße, die erst seit kurzem das Labyrinth der verwinkelten Gassen durchschneidet. Byron zeigt Verständnis für die Modernisierungspläne des Gouverneurs, doch er vermerkt dies mit einem leichten Bedauern. Seither wurden weitere Straßen durch die historischen Altstadtviertel geführt und erst kürzlich auch durch die Viertel der Zarathustra-Anhänger. Sie sind in Yazd zahlreich vertreten, denn dort befindet sich die größte zoroastrische Gemeinde im Iran.

Unten:
Ein Handwerker näht einen mit Henna gefüllten Sack zu. Die Herstellung des natürlichen Farbstoffs hat in der Stadt Tradition.

Rechte Seite oben:
Frauen der zoroastrischen Gemeinschaft in ihren bunten Tschadors.

Rechte Seite unten, von links nach rechts:

Bildnis von Zarathustra.

Halle eines Tempels der Zarathustra-Anhänger. Im Kohlenbecken verglüht unter der Asche Zedernholz, das während der rituellen Zusammenkünfte und Gebete von dem *mobed*, dem Priester, zu neuem Feuer entfacht wird.

Nie erlöschende, ewige Flamme in einer offenen Öllampe.

Die Nachfahren Zarathustras

»Hafis, wenn am Sterbetage
du zur Hand den Becher nimmst,
Tragen sie vom Gau der Schenke
graden Wegs dich himmelan.«

Die Anhänger des Feuerkultes, wie sie allgemein genannt wurden, waren Ende des 19. Jahrhunderts in Persien besonders gewalttätigen Verfolgungen ausgesetzt und fanden in Yazd schließlich Zuflucht. Auch ihr geheiligtes, ewiges Feuer, dessen Flamme zuvor in Schiraz gehütet wurde, überführten sie an diesen neuen Ort und erbauten dafür 1940 eigens einen Tempel. Wie die meisten der europäischen Reisenden seiner Zeit, zeigt auch Byron kein sehr großes Interesse an dieser Religionsgemeinschaft und an ihren Riten. Lediglich ein Leichenzug der Zoroastrier, dem er zufällig auf der Straße begegnet, wird von ihm kurz erwähnt. In den Aufzeichnungen von Major Percy Sykes finden sich immerhin folgende Erläuterungen: »Dem Hinduismus in seinen Grundüberzeugungen nahe verwandt, entwickelte der Zoroastrismus dennoch keinen Pantheismus, sondern eine Religion, die große Nähe zum Monotheismus aufweist. Was die Reinheit seines Glaubens betrifft, so kann er zu Recht einen Platz neben dem Judentum, dem Christentum und dem Islam beanspruchen.«

Die Anmerkungen von Sykes treffen trotz aller Verkürzung durchaus zu, bedürfen jedoch einiger historischer Erläuterungen. Denn der Kult des Propheten Zarathustra, dessen Anfänge im Elburs-Gebirge zu suchen sind und etwa auf das siebte Jahrhundert vor Christus datiert werden, war die erste der monotheistischen Religionen. Ihr Einfluss auf andere Glaubenslehren, vor allem den schiitischen Islam, war beachtlich, und auch die ersten Christen blieben von den Weisheiten der zoroastrischen Gelehrten nicht unbeeindruckt.

In den zoroastrischen Vierteln der Stadt wie auch in den umliegenden Dörfern überrascht die angenehme Ruhe, die dort herrscht. Vor allem aber fallen die Frauen auf, welche »vielfarbige Gewänder im alten persischen Stil tragen, die sehr malerisch wirken«, wie Major Sykes schreibt. Die schwarzen Tschadors der muslimischen Frauen sind dort verschwunden, und »der Anblick der strahlenden Gesichter ist ein Geschenk in einem Land, in dem der Schleier noch weit verbreitet ist«.

Zwei Tage nach seiner Ankunft in Yazd ist Byron schon wieder unterwegs und fährt auf einem Lastwagen bis Kerman weiter. Sein erster Besuch dort gilt dem Mausoleum von Dschabal-e Sang, auch Gonbad-e Dschabalie genannt, das außerhalb der Stadt liegt. Das wuchtig wirkende, achteckige Bauwerk, von dem Byron vermutet, dass es im 12. Jahrhundert erbaut wurde, fällt auch deshalb besonders auf, weil es aus Naturstein und nicht aus gebrannten Ziegeln errichtet ist. Wie spätere Forschungen ergeben haben, wurde der Bau höchstwahrscheinlich schon im zweiten Jahrtausend vor Christus errichtet und bis zur Eroberung des Landes durch die Araber von Anhängern der zoroastrischen Religion als Kultstätte genutzt.

In Kerman selbst besichtigt Byron zunächst die im 14. Jahrhundert erbaute Freitagsmoschee und steht bewundernd vor ihren Mosaiken, die er fälschlicherweise Künstlern aus Yazd zuschreibt. Danach erwähnt er noch den Besuch der Koranschule Gandsch-e Ali Khan, über deren Gebäude er sich eher abfällig äußert – was jedoch mit seinem geringen Interesse an der Baukunst und am Stil der Kadscharen zusammenhängt. Über den Basar und die wenigen anderen Baudenkmäler der Stadt verliert er kein Wort.

Schon früh am nächsten Morgen verlässt er Kerman. Sein nächstes Ziel ist Mahan, von dem ihm sein Freund Christopher begeistert erzählt hat. Die Oase mittlerer Größe ist für Reisende, die von Indien kommen und die überaus mühselige Durchquerung Belutschistans hinter sich haben, eine der ersten Stationen, die wieder eine mildere, angenehmere Umgebung versprechen.

Von Kerman nach Mahan

»Während die untergehende Sonne grelle, kupferrote Streifen auf den sandgesättigten Himmel zeichnet, versammeln sich alle Vögel Persiens zu einem letzten vielstimmigen Gesang.«

In der kleinen Stadt angelangt, begibt sich der architekturbegeisterte Engländer sofort zu dem Heiligtum von Schah Nur od-Din Nematollah Vali, das ihm nach der Reise in glühender Hitze »eine unverhoffte Erholung (bietet): den Segen des Wassers und sanft sich wiegende Blätter«. Sein Führer ist einer der Derwische,

Außerhalb von Yazd liegen die zwei berühmten Türme des Schweigens. Nach der Darbringung von Früchten und Blumen als Opfergaben bahrten die Zoroastrier dort die Leichname ihrer Verstorbenen auf, die dann den Geiern überlassen wurden. Der Ritus wurde später im Iran verboten. Nur die indische zoroastrische Gemeinschaft in Bombay befolgt ihn noch.

die dort leben und der Lehre des Nematollah folgen. Der Sufi-Meister, Gelehrte und Dichter Nematollah wurde 1331 in Aleppo geboren. Er lebte lange Jahre im Irak, in Mekka, in Herat und in Samarkand und zog sich schließlich nach Mahan zurück, wo er mit fast hundert Jahren starb.

Der von ihm begründete religiöse Orden hat im Iran noch zahlreiche Anhänger. Seine mystische Lehre, die eine Ausprägung des schiitischen Islam darstellt, beruht auf den Prinzipien der Loslösung von materiellen Dingen und der spirituellen Suche, auf Geduld und Gleichmut. Der Tod soll eine Rückkehr an den Ursprung bewirken.

Byron verbringt eine stürmische und unruhige Nacht in dem Heiligtum, von der erwarteten mystischen Stille an einem solchen Ort ist wenig zu spüren. Die ganze Nacht über quaken Frösche an einem Wasserbecken, ein kalter Wind bläst, und schließlich macht sich auch noch eine Katze über sein Gepäck her. Anders als zunächst geplant, setzt Byron seine Reise nicht mehr bis nach Bam fort, um dort die von Major Sykes beschriebenen Festungsanlagen zu bewundern. Stattdessen macht er sich unverzüglich auf den Rückweg und fährt über Yazd und Isfahan wieder nach Teheran zurück, wo er Anfang April eintrifft.

In der Hauptstadt, wo er diesmal in der britischen Gesandtschaft wohnt, ist die Lage angespannt. Ein politischer Gegner des Schahs ist im Gefängnis plötzlich umgekommen, und Christopher Sykes, der in Buschehr verhaftet worden war, droht die Ausweisung. Als Grund wird von offizieller Seite angeführt, er habe sich mit Bauern unterhalten. Trotz solcher Erlebnisse durchschaute Byron die komplizierten und schwierigen Verhältnisse in Persien oft nicht wirklich. Sein Reisegefährte Sykes schreibt in seinen Erinnerungen, dass Byron sich im Iran »in einer für ihn unbequemen und ungewohnten, wenn auch nicht völlig unvertrauten Atmosphäre wiederfand. Ich bemerkte die große innere Anstrengung, die es ihn kostete, zu einem Großteil wieder zu vergessen, was er in Indien gelernt hatte, und stattdessen Verständnis für diese andere Gesellschaft aufzu-

bringen, in die er sich verirrt hatte und die zwar formell und streng, zugleich aber sehr gastfreundlich war.«

Der raue Winter ist jedenfalls vorbei, und Byrons Verleger hat ihm einen zusätzlichen Vorschuss bewilligt. Es drängt ihn deshalb zu einer weiteren Reise nach Afghanistan, wo er seine Architekturstudien fortsetzen will. Über die Tage, die er noch in Teheran verbringt, vermerkt er in seinen Aufzeichnungen nicht viel: einige Besuche beim afghanischen Botschafter Schir Ahmad, außerdem ein Besuch in einem *zur khane*, einer Art Turnhalle, in der auf traditionell persische Art Leibesertüchtigung betrieben wird. Byron liefert hiervon eine ausführliche Beschreibung: »In der Mitte des Saals befand sich eine Fläche von ungefähr dreißig Fuß im Quadrat, die drei oder vier Fuß tief und mit Sand gefüllt war. (...) Dort hielten sich ein Dutzend Männer verschiedener Altersstufen auf. Bis auf ein um die Hüften geschlungenes Handtuch waren sie nackt und lagen ausgestreckt auf dem Bauch: die zukünftigen *pahlewan* (Athleten). (...) Dann folgten Übungen mit Keulen, die kräftig herumgewirbelt wurden. Mann für Mann, jeweils mit einer Keule in jeder Hand und jede Keule so schwer, dass es mir gerade gelang, eine von ihnen mit beiden Händen vom Boden zu heben. Weitere Turnübungen schlossen sich an. Danach ein Herumwirbeln mit ausgestreckten Armen, das so schnell geschah, dass ich die beiden Profile und die Vorderansicht eines Mannes im selben Augenblick sehen konnte. Die ganze Zeit über erklang dazu eine Musikbegleitung aus Trommeln, Gesang und Schellenklang ...« Am 12. April besucht er noch einmal das Mausoleum in Soltanie, das ihn so beeindruckt hatte, und am 22. April bricht er zu der lang geplanten Reise in Richtung Afghanistan auf, die für ihn seine letzte Durchquerung Persiens bedeutet. Er wird von Christopher Sykes begleitet, dem es gelungen war, seine missliche Situation auf diplomatischem Wege zu lösen.

Um nach Maschhad zu gelangen, wählt Byron diesmal die weniger befahrene Route durch den persischen Teil Turkmenistans. An dieser Wegstrecke will er endlich auch den Turm von Gonbad-e

Oben:
Der Dschabal-e Sang, ein am Rand von Kerman gelegenes Bauwerk, zu dem Byron sich mit der damals einzigen Kutsche des Ortes aufmachte, die auf der Fotografie links zu erkennen ist. Seither ist das bedeutende alte Baudenkmal erfolgreich renoviert worden.

Folgende Doppelseite:
Die Stadt Kerman besitzt berühmte öffentliche Bäder, so genannte Hammams, die aus dem 17. Jahrhundert stammen und zum Teil noch heute in Gebrauch sind. Die Fresken, Friese und der Kachelschmuck überraschen mit häufig ungewöhnlichen Motiven.

Mahan

Das Mausoleum des Nematollah in Mahan ist eine Stätte der Ruhe und des Friedens. Seit dem 15. Jahrhundert lebt dort eine Gemeinschaft von *Sufis* nach den Regeln ihres Ordensbegründers Nematollah. Auch Byron erfreut sich an der Abgeschiedenheit des Ortes, wo »die purpurfarbenen Blütenknospen der Judasbäume und das Konfetti früh blühender Obstbäume in einem langen Wasserbecken gespiegelt werden«.
(Robert Byron,
The Road to Oxiana)

»Im nächsten Hof befindet sich ein weiteres, kreuzförmig angelegtes Becken, um das frisch mit Iris bepflanzte Beete angelegt sind. (...) Zwischen den Pinien und Zypressen schimmert eine blaue Kuppel hervor, über die ein schwarz-weißes Spinnennetz gezogen scheint; ein Paar blauer Minarette ragt empor.«
(Robert Byron,
The Road to Oxiana)

Die Hänge an der Nord- und an der Südseite des Elburs-Gebirges könnten kaum unterschiedlicher sein. Innerhalb weniger Kilometer wechselt die Landschaft von den kargen Felsen hinter Teheran zu bewaldeten grünen Tälern, die zum nahen Kaspischen Meer hinführen.

Qabus besichtigen, ein von ihm viel bewundertes Bauwerk, das ihn zu der ganzen Reise angeregt hatte: »Es war ein Bild des Turms von Gonbad-e Qabus gewesen, was mich zu dieser Reise nach Persien angestiftet hatte, und ich hätte eher auf jedes andere Bauwerk des Landes verzichten können als auf dieses.« Doch das Gebiet um den Turm ist militärische Sperrzone, und es ist zunächst fraglich, ob die beiden Männer tatsächlich dorthin gelangen können.

Die erste Etappe der Fahrt ist wenig erfreulich, denn ein Schneesturm kommt auf, der die Straße in den Norden beinahe unpassierbar macht. Doch hält der für die Jahreszeit äußerst ungewöhnliche Wettersturz nicht lange an, und bald folgen auf die kargen Gebirgszüge, welche den größten Teil Persiens bedecken, die grünen Täler und Hügel des Mazanderan. Ein Brief an seine Mutter gibt Byrons Erstaunen über diesen plötzlichen Wandel wieder. »Nie habe ich einen Wechsel der Landschaft erlebt, der so grundlegend und so abrupt war – ganz Persien ist eine Wüste, nördlich des

Elburs-Gebirges aber erstrecken sich riesige Wälder – und all dies geschieht in einer halben Stunde«, so schreibt er und fühlt sich später sogar an seine Heimat erinnert: »Die Küste war fast wie in England, von Hecken umzäunte Felder, Brombeeren, Brennnesseln usw.« Erster Halt der Reise ist in Sari. Da die Stadt an der Eisenbahnlinie liegt, welche Persien an die transsibirische Strecke anschließen soll, steckt sie zu jenem Zeitpunkt in einer Phase wirtschaftlichen Aufschwungs. Robert Byron findet sie modern und seelenlos und reist am nächsten Morgen sofort weiter in Richtung Behschahr.

Zu der Eisenbahn aber, die über das Gebirge bis nach Teheran führen soll und ein Prestigeobjekt von Schah Reza ist, gibt er folgenden Kommentar ab: »Der Aufwand wird sich nie lohnen. Die zusätzlichen Steuern allein für die ersten zweihundert Meilen rauben der Landbevölkerung ihren einzigen Luxus – Tee und Zucker. Aber der Zweck des Ganzen ist wohl eher psychologischer als wirtschaftlicher Natur. Für das moderne Persien ist das Unternehmen eine Frage des Nationalstolzes. Zumindest gibt es der seit den Heldentaten des Darius vor zweitausend Jahren unbezwingbaren Eitelkeit neue Nahrung.«

Eine andere Welt

»Wo dieser Stil auch entstanden sein mag – in Persien, Indien oder Oxiana – fügt er sich immer in eine karge, dürre Landschaft ein. Doch zwischen Gras und Farnen, wie hier, wirkt er leicht übertrieben.«

Als ab Behschahr die Straßenverhältnisse immer schlechter werden, warten die beiden Freunde dort auf den Zug, um ihren Wagen aufladen zu lassen und so die Reise nach Gorgan fortzusetzen. Sie besichtigen solange ein Gartenpalais von Schah Abbas aus dem 17. Jahrhundert, das heute mit dem gesamten Anwesen dem Militär gehört. Der Blick auf den Palast, zu dem der Zutritt verboten ist, wird von Radaranlagen verstellt. Was Byron damals zu sehen bekommen hatte, beschreibt er wie folgt: »Aus einiger Entfernung betrachtet, wirkt der Palast auf seinem bewaldeten Hügel wie ein englischer Landsitz. Doch ist er sehr klein, sein Kachelschmuck ist einfach und wie bei so vielen weltlichen Bauten in Persien mangelt es auch hier an der Fähigkeit, einen vorgegebenen Raum den Bedürfnissen gemäß zu untergliedern. Das auffälligste Merkmal ist, dass die Fenster an jenen Typ erinnern, den Ruskin aus irgendwelchen Gründen aus Palästen des florentinischen Quattrocento entlehnte und in die Vororte von Oxford verpflanzte.« Doch darf Byrons missbilligendes Urteil über den Baustil des Gebäudes nicht allzu ernst genommen werden. Denn er hat ausgesprochen strenge ästhetische Maßstäbe, von denen er während seines Aufenthalts nie abweicht, und Bauten aus dem 17. und 18. Jahrhundert, wie berühmt sie auch sein mögen, fallen nicht in sein architekturhisto-

Das Mazanderan ist eine Gegend mit reicher, üppiger Vegetation. In den Wäldern und auf den Reisfeldern wachsen viele Gewürze und Heilkräuter, die als Hausmittel bei den Iranern sehr beliebt sind. Sie werden von Kräutersammlern auf den Märkten ganz frisch angeboten oder getrocknet, in Säcke verpackt und das ganze Jahr über verkauft – wie in diesem Gewürz- und Kräuterladen in einem Dorf nahe bei Sari.

OBEN RECHTS:
Die Turkmenen waren gefürchtete Räuber und Krieger, die vor keinen Untaten zurückschreckten. Jahrhundertelang versetzte das Hufgetrappel ihrer Pferde die Bewohner abgelegener Dörfer sowie die Begleiter der Karawanen, die durch die Steppe zogen, in Angst und Schrecken. Auch heute noch leben viele von ihnen als Nomaden, doch widmen sie sich jetzt der friedlichen Viehzucht.

risches Interessensgebiet. Sein Reisegefährte Christopher Sykes weiß dazu eine amüsante Anekdote zu erzählen: »Ich erinnere mich, dass er sich in Isfahan eines Morgens verpflichtet fühlte, ein Gebäude aus der Zeit der Safawiden zu fotografieren, und dies äußert unwillig tat; der Fotoapparat und das Stativ waren im Garten eines alten Palastes aufgebaut, und ich half ihm, seine Notizen zu ordnen. (...) Da fragte ich ihn, ob er nicht für mich eine Aufnahme des Königlichen Tores und des Balkons (Ali Qapu) machen könne. Er tat dies, doch von der Rückseite. Nichts in der Welt konnte ihn dazu bringen, dieses staunenswerte Beispiel dekorativer Architektur auch nur einmal von vorne zu fotografieren.« Allerdings widerspricht dies Byrons fotografischem Nachlass, in dem sehr wohl eine entsprechende Aufnahme zu finden ist. Bei einem seiner weiteren zwei Aufenthalte in Isfahan scheint sich Byron doch noch zu einer Aufnahme entschlossen zu haben.

Eine kurze Bahnfahrt bringt die beiden Reisenden dann nach Bandar-e Schah am Kaspischen Meer, dem heutigen Bandar-e Torkman. Dort erfährt Byron zu seiner großen Erleichterung, dass er die Erlaubnis hat, nach Gonbad-e Qabus zu reisen, und sogar die Militärstraße durch die Steppe über Bodschnurd nach Maschhad benutzen darf. Voller Freude bricht er auf und folgt »einer Fahrspur zwischen Zäunen aus Flechtwerk, wo hohe Schilfrohre jede Sicht verdecken«.

Fahrt durch die Steppe

»Es roch nach frischem Gras – wie zu Hause in einer Juninacht, bevor das Heu gemäht wird.«

Schon bald erreichen sie die Steppe – »ein weites Meer von leuchtendem Grün. Nie zuvor hatte ich diese Farbe gesehen. Bei allen anderen Grüntönen – Smaragd, Jade oder Malachit, dem harten tiefen Grün des bengalischen Dschungels, dem kalten traurigen Grün Irlands, dem Salatgrün der Weinberge am Mittelmeer, dem schweren, fülligen Grün der englischen Buchen im Sommer – herrschte immer eine Färbung ins Blaue oder ins Gelbe vor. Dies hier war reines Grün, eine unauflösliche Substanz, die Farbe des Lebens selbst«. Der Pflanzenwuchs ist so eintönig und hoch, feste

Siedlungen dagegen sind so selten, dass die beiden Männer jeden Anhaltspunkt für die Entfernungen, die zurückzulegen sind, verlieren und die Weite der umgebenden Landschaft nur schwer einschätzen können. Die einzige Orientierung bieten die »Ansammlungen von *kibitkas* mit ihren weißen Dächern, die wie Champignons auf einer Wiese zu wachsen scheinen«, in denen die turkmenischen Nomaden wohnen. Weitere Anhaltspunkte sind ferner deren Viehherden, »Stuten mit ihren Fohlen, schwarze und braune Schafe, Kühe und Kamele«. Jedoch »bewirkten die Kamele eine Täuschung in umgekehrter Richtung, denn sie erschienen so groß, dass man sie fast für vorsintflutliche Monster halten könnte«.

Beeindruckt von den zahlreichen Lagern der Nomaden, sieht Byron die weite Fläche bald nur noch als eine riesige Landkarte mit ständig wechselnden märchenhaften Farben. Schließlich gelangen die Reisenden mit ihrem Wagen an den Fluss Gorgan, der sich träge durch das dichte Grün der Steppengräser windet. Da es in dem Geflecht der Pisten, das die Landschaft überzieht, oft schwer für sie ist, den richtigen Weg zu wählen, wenden sie sich ab und zu Rat suchend an die Karawanen, die das Gebiet durchwandern. Begeistert beschreibt Byron die leuchtenden Farben der Gewänder, welche die turkmenischen Nomaden tragen, »die Frauen in rotem, geblümten Chintz, die Männer ganz in Rot, seltener auch in prächtigen, mehrfarbigen Seidenstoffen, in die leuchtende Zickzackmuster gewebt sind«.

Der Gebirgsrücken des Elburs weicht immer weiter zurück, und vor den beiden Männern öffnet sich die unendliche Weite der Steppenlandschaft Zentralasiens. Da bemerkt Byron in mehr als dreißig Kilometern Entfernung »einen nach oben sich verjüngenden Zylinder aus milchkaffeefarbenem Ziegelstein, der über einem runden Sockel emporragt. Ihm ist ein spitzes Dach aufgesetzt, das an einen Kerzenlöscher erinnert«. Es dauert jedoch noch mehr als eine Stunde, bis er schließlich den künstlich aufgeschütteten Hügel erreicht, auf dem der Turm von Gonbad-e Qabus mit 51 Metern Höhe in den Himmel ragt. Seine einfache und geometrisch strenge, moderne Form verblüfft bei einem Bauwerk aus dem späten

Der Turm von Gonbad-e Qabus ist aus breiten, schmalen Ziegelsteinen gemauert, die so exakt verfugt wurden, dass auch heute noch alle senkrechten Linien messerscharfe Schatten werfen.

Oben:
Da die Reiseroute hinter Gonbad-e Qabus nicht befahrbar ist, sieht sich Byron gezwungen, ein weiteres Mal das Elburs-Gebirge mit seinen kargen Hochtälern zu durchqueren.

Rechte Seite oben:
Die Tarikkhaneh-Moschee, die auf den Überresten eines zoroastrischen Tempels errichtet wurde und als ältestes islamisches Bauwerk gilt.

Rechte Seite unten:
Detail des runden Grabmals von Tchehel Dokhtaran mit seinem großartigen Fries aus ungebranntem Lehm – ganz den Baustil verkörpernd, für den Byron sich so sehr begeistern konnte.

10. Jahrhundert. Die begeisterte Beschreibung, zu der Byron sich hinreißen lässt und deren Superlative er in einem nachträglich eingeschobenen Kommentar seines Reiseberichts nochmals bestätigt, verrät, wie hoch gespannt seine Erwartungen an dieses Bauwerk waren: »Tausend Jahre hat dieser Leuchtturm den Nomaden der zentralasiatischen Steppe das Andenken an seinen Erbauer und an den Geist Persiens wach gehalten. Heute erreicht er ein anderes, größeres Publikum, das sich erstaunt fragt, wie zu Beginn des zweiten Jahrtausends nach Christus aus Ziegelstein ein Bauwerk errichtet werden konnte, das prächtiger ist und im Spiel der Oberflächen und Verzierungen geglückter als alles, was irgendwann später aus dem gleichen Baustoff entstand.«

Der Turm wurde auf Weisung von Schams ol-Ma'ali Qabus ibn-e Woschmgir Al-e Ziyar als dessen Grabstätte erbaut, einem grausamen Tyrannen und leidenschaftlichen Verehrer der Dichtkunst, der Ende des 10. Jahrhunderts über Mazanderan herrschte. Das kleine Fenster, das in ungefähr 45 Meter Höhe auf der Ostseite des Turms eingefügt ist, spricht für die Überlieferung, nach welcher der Verstorbene in einem gläsernen Sarkophag von der Decke des Turms herabhing, so dass die aufgehende Sonne genau durch die Öffnung darauf schien. Aus verschiedenen alten Schriftzeugnissen ist zu entnehmen, dass der Sarg schon im 12. Jahrhundert entfernt wurde. Alle späteren Versuche, Überreste davon wieder ausfindig zu machen, blieben erfolglos. Aufschlussreich war allerdings ein Versuch russischer Archäologen, die Ende des 19. Jahrhunderts im Turminnern zu graben begannen. Als sie den Boden 17 Meter tief ausgehoben hatten, ohne auf das Grab und die erhofften Schätze zu stoßen, gaben sie ihr Unternehmen auf. Sie stellten jedoch erstaunt fest, dass die Grundmauern aus Ziegelstein noch weiter in die Erde hinabreichten.

Trotz aller ehrfürchtigen Bewunderung, die er vor diesem Bauwerk empfindet, kann Byron es sich nicht verkneifen, die Akustik im Innern des Turms auszuprobieren, und so stimmt er mit Sykes ein englisches Volkslied an.

Die Freude über den endlich geglückten Besuch des Turms von Gonbad-e Qabus ist aber nur von kurzer Dauer. Der Militärgouverneur teilt ihnen mit, dass die Straße über Bodschnurd nach Maschhad unpassierbar ist, da die starken Regenfälle zu Erdrutschen geführt hatten. Daraufhin planen die beiden Reisegefährten, mit dem Pferd über das Elburs-Gebirge nach Schahrud zu reiten. Dort wollen sie auf die Hauptroute nach Maschhad gelangen, während der Wagen mit den Dienern einen weiteren Umweg nehmen soll. Doch auch dieses Vorhaben scheitert, da keine Pferde aufzutreiben sind, und so kehren sie schließlich auf dem gleichen Weg, den sie gekommen waren, wieder nach Bandar-e Torkman zurück.

Eine Reihe von Missgeschicken

»Über Meilen war jede Straße zu einem Fluss geworden, die Wüste war eine einzige große Flut und jeder Berg ein Wasserfall.«

In Bandar-e Torkman vereinbaren sie mit dem Bahnhofsvorsteher, dass am nächsten Morgen ihr Wagen auf den Zug verladen werden soll, mit dem sie nach Sari weiterreisen wollen, was auch geschieht. Doch dann fährt der Zug ohne die beiden Engländer ab, die über diesen Zwischenfall so empört sind, dass sie den vermeintlich schuldigen Bahnhofsvorsteher lautstark beschimpfen und körperlich angreifen. Der seit Monaten aufgestaute Ärger über Missgeschicke während der langen Reise bricht sich plötzlich Bahn. Soldaten greifen ein, nehmen die Reisenden fest und bringen sie in eine Arrestzelle auf der Polizeistation. Es wird sogar eine »Untersuchung des

Vorfalls« in Teheran angedroht, was die gesamte Reise nach Afghanistan ernstlich gefährdet hätte.
Erst als ein deutscher Eisenbahningenieur vermittelnd eingreift, entspannt sich die Situation – wie häufig im Iran im allerletzten Moment. Byron und Sykes schütteln dem Bahnhofsvorsteher versöhnlich die Hand und verbringen dann die Nacht im Haus des Deutschen.
Am nächsten Morgen reisen sie pünktlich mit dem Zug nach Sari, steigen dort in ihren Wagen um und machen sich in Richtung Semnan auf. Die Straße dorthin führt in vielen Serpentinen über das Gebirge, ist darum nicht ungefährlich und wegen der Regenfälle auch glitschig. In einer Kurve verliert ein Lastwagenfahrer die Kontrolle über seinen Wagen, die Engländer schrammen ihn seitlich und kommen gerade noch vor dem steilen Abgrund zum Stehen. Die Sache geht glimpflich aus, der Wagen hat keinen Schaden, lediglich ein Koffer von Byron ist zu »einem dünnen blauen Sandwich geworden, aus dem Kleidungsstücke, Filme und Zeichenpapier heraushängen«. In dem langen Brief, den er von Maschhad aus am 2. Mai an seine Mutter schickt, beziffert er den entstandenen Schaden auf ungefähr 15 Pfund. Es handelt sich dabei vor allem um Fotomaterial. Glücklicherweise, so schreibt er, seien seine Aufnahmen aus Gonbad-e Qabus nicht darunter gewesen. Seinen Vater bittet er, zu überprüfen, ob die bei Antritt seiner Reise abgeschlossene Versicherung den Schadensfall abdeckt.
Nach einer Übernachtung in Semnan brechen die beiden Reisenden am nächsten Morgen in aller Frühe nach Damqan auf. Doch ihre Pechsträhne ist noch nicht zu Ende. Nach knapp dreißig Kilometern Fahrt bricht die Hinterachse ihres Wagens, und sie müssen sich fünf Stunden gedulden, bis die Reparaturen durchgeführt sind. Als sie endlich weiterfahren können, hindern sie wolkenbruchartige Regenfälle an einem schnellen Vorwärtskommen. Nur mit Hilfe von Dorfbewohnern, die dafür im Voraus fürstlich entlohnt werden wollen, gelingt es ihnen, einen wild angeschwollenen Gebirgsbach zu durchqueren. Bei dem Versuch, über einen weiteren schmalen Wasserlauf einfach hinwegzusetzen, bricht beinahe noch die Vorderachse des Wagens. Doch schließlich ist Damqan erreicht. Mit Wein und Zigarren trösten sie sich über die Reisestrapazen hinweg und treffen dort auch auf Pybus, einen ihrer Bekannten, dem es an jenem Tag noch weitaus schlechter ergangen war. Seine neue, unversicherte Limousine war in einem Fluss auf der anderen Seite der Stadt steckengeblieben und rettungslos verloren.

»Es war noch früher Morgen, und der Ramadan hatte begonnen. Das hieß, dass bis Mittag niemand aufstehen würde – so nahm ich mir ohne Erlaubnis ein Pferd und ritt nach Bastami, einem verschlafenen kleinen Ort in den Bergen in Richtung Asterabad.«
(Robert Byron, *The Road to Oxiana*)

Die Stille der Mausoleen

»Das Grabmal des Bayazid-e Bastami aus dem 14. Jahrhundert war von außen so schlicht (…), dass die reiche Stuckverzierung des *mihrab* im Innern überraschte.«

Als Byron das erste Mal in Richtung Maschhad gereist war, hatte er sich die Zeit für eine ausführliche Besichtigung der Baudenkmäler von Damqan genommen. Zwei Grabmäler aus dem 11. Jahrhundert waren ihm als erstes einen Besuch wert. Er gibt ihre Namen in seinen Aufzeichnungen nicht an, doch handelte es sich wahrscheinlich um den Pir-e Alamdar und den Turm der vierzig Töchter. Das erste der beiden Mausoleen ist ein zylindrisches Gebäude mit einem spitzen Dach, das an eine türkische Helmspitze erinnert. Der Innenraum ist sehr nüchtern und einfach, doch mit einem leuchtend blau gekachelten Fries mit kufischer Schrift geschmückt. Das zweite Mausoleum ist ebenfalls ein zylindrischer Bau, diesmal mit einer zwiebelförmigen Kuppel als Dach. Die Außenmauern sind mit schönen Backsteinornamenten geschmückt. Wie es zu dem Namen »Turm der vierzig Töchter« kam, ist nicht völlig geklärt. Die Zahl Vierzig jedenfalls soll dem persischen Volksglauben zufolge Glück bringen.

Danach begab sich Byron zu der beeindruckenden Tarikhane, auch Moschee der vierzig Säulen genannt. Sie gilt als eine der ältesten Moscheen des Iran und wurde um 775 n. Chr. erbaut. Ihre vier *iwan*, ihr wuchtiger Säulenumgang und ihre Tonnengewölbe weisen noch deutliche Spuren der sassanidischen Baukunst auf. Byron brauchte dort einige Zeit, bis er seine Fotografien gemacht hatte, sehr zum Verdruss einiger Polizisten, »harmloser, gutmütiger Burschen, die vor Hunger ganz schwach wurden, als ich sie über ihre Essenszeit hinaus beanspruchte«.

Diesmal jedoch will Byron nur so schnell als möglich nach Maschhad gelangen und nimmt sich nicht die Zeit, zwischen den »runden, gedrungenen Säulen« zu flanieren, die ihn »an eine englische Dorfkirche aus der Zeit der Normannen erinnern«. Schon am nächsten Morgen reist er weiter nach Schahrud, dann nach Abbas Abad.

Auch dort ist in seinen Aufzeichnungen nichts mehr von dem aufmerksamen Interesse zu spüren, mit dem er wenige Monate zuvor das Grabmal des Bayazid-e Bastami beschrieben hatte. Seine Anmerkungen betreffen diesmal ausschließlich das Reisen selbst: »Der Regen dauerte an. Hinter Schahrud gerieten wir in weichen Sand, der als dicker Schlamm gegen die Windschutzscheibe hochspritzte und auf ihr liegen blieb, so dass ich meinen Kopf seitwärts aus dem Fenster strecken musste, um überhaupt noch weiterfahren zu können, und das bei einer Geschwindigkeit von mindestens dreißig Meilen die Stunde, die ich einhalten musste, da wir sonst stecken geblieben wären.«

Trotz dieser Widrigkeiten behält Byron seinen Sinn für Humor und notiert noch am selben Abend, als er sich im Hotel von den Strapazen ausruht, dass sein Freund Christopher »ein rotes Hemd erstanden hat und so viel Aufhebens darum macht, als handle es sich um einen Kauf bei Schiaparelli«.

Nach einer weiteren anstrengenden Etappe ihrer Reise gelangen Byron und Sykes schließlich nach Maschhad, wo sie von Mrs. Gastrell, der Gattin des britischen Konsuls, mit dem Ausruf »Gerade rechtzeitig zum Ball!« begrüßt werden. So sehen sich die beiden Freunde gezwungen, in aller Eile ihre Kleidung zu wechseln, um an dem Kostümball teilnehmen zu können, der an jenem Abend im Konsulat stattfindet. Byron verwandelt sich, so gut er eben kann, in eine Hausfrau und Sykes verkleidet sich in einen arabischen Scheich. In dem Brief, den der Schriftsteller tags darauf an seine Mutter schickt, äußert er sich recht erfreut über die angenehme Gesellschaft, in der er den Abend verbracht hatte. Später jedoch, als er seine Notizen zu einem Reisetagebuch zusammenstellt, um sie unter dem Titel *The Road to Oxiana* zu veröffentlichen, schlägt er einen spöttischeren Tonfall an: »Reist etwa der ganze Indian Political Service mit Kostümkoffern durch Asien? Mrs. Gastrell war eine Negerin, in eng anliegendes Schwarz gekleidet und mit einem Zylinder auf dem Kopf; Gastrell aber, der sieben Fuß groß ist, führte einen schottischen Tanz als Blaubart auf, in einem goldenen Gewand und mit einem Biberhut …«

Die in Maschhad verbrachte Woche ist für Robert Byron und Christopher Sykes eine willkom-

Detail der konischen Kuppel des Mausoleums von Bayazid-e Bastami, dessen blaue Kacheln seit dem 14. Jahrhundert nichts an Leuchtkraft eingebüßt haben.

mene Erholungspause, um den Schwierigkeiten, die auf den Straßen Afghanistans auf sie warten, möglichst ausgeruht zu begegnen. Sie verbringen die Tage damit, die Baudenkmäler der Stadt zu besichtigen und verschiedene Besuche abzustatten.

Mit dem afghanischen Konsul, der sich ebenfalls in Maschhad aufhält, diskutieren die Männer über das Vorhaben der afghanischen Regierung, die alte Stadt Balkh wieder aufzubauen – und dies, obwohl die Provinzhauptstadt Mazar-e Scharif nur zwanzig Kilometer entfernt liegt, wie Byron erstaunt anmerkt. Woraufhin der Konsul ihn belehrt, dass »Balkh eine historische Stätte sei, die Heimat der arischen Rasse«.

Blick auf die vergoldete Kuppel des Mausoleums von Imam Reza in Maschhad - vom großen Innenhof aus (oben) und durch den Spitzbogen des wichtigsten *iwans* der Goharschad-Moschee gesehen (rechte Seite). Das Heiligtum ist der bedeutendste schiitische Pilgerort im Iran. Außer den beiden Hauptmoscheen befinden sich dort zahlreiche weitere Höfe und Gebäude, die untereinander verbunden sind. Hier finden die Gläubigen Ruhe zur Andacht.

Der reisende Schriftsteller Byron, der sich selbstverständlich seine eigenen Gedanken zur geopolitischen Situation und der Mentalität der betroffenen Völker macht, schreibt dazu folgende Sätze in sein Notizbuch: »Diese Manie muss aus Deutschland übergegriffen haben. Noch vor einem Jahr behaupteten die Afghanen von sich, sie seien Juden: die verlorenen Stämme Israels. Dem asiatischen Nationalismus ist anscheinend nichts zu abwegig.«

Was die Umgebung zu bieten hat – den Turm von Radkan und das Mausoleum des Dichters Ferdousi –, ist bald besichtigt. Da beschließt Byron, der vor keinem Hindernis zurückschreckt, wenn es gilt, architektonische Entdeckungen zu machen, das Unmögliche zu wagen: Er will versuchen, das Mausoleum des Imam Reza sowie die angrenzende Goharschad-Moschee zu besichtigen. Zwar hatte Reza Pahlawi beschlossen, sein Land aus dem »religiösen Obskurantismus« zu befreien und manche Moscheen und Koranschulen auch für Nicht-Muslime zu öffnen. Doch die Tore zum Heiligtum des Imam Reza, über das der Staat keine Verfügungsgewalt hat, bleiben zum damaligen Zeitpunkt für Ungläubige fest verschlossen, vor allem, wenn deren Gesicht »mit einem blonden Schnurrbart und blauen Augen versehen ist«.

Die Stadt der Pilger

»Der Bau ist so gut wie vollständig erhalten und wahrscheinlich das bedeutendste Beispiel für Farbgestaltung in der islamischen Baukunst.«

Um die Bedeutung dieses Ortes und der eigenen Regeln, die für ihn gelten, besser zu verstehen, ist es unabdingbar, seine Geschichte zu kennen. Die Entstehung des Heiligtums reicht in das 9. Jahrhundert unserer Zeitrechnung zurück. Der sunnitische Kalif Ma'mum hatte dort den Leichnam des heiligen Märtyrers Imam Reza bestatten lassen, der an Magenbeschwerden aufgrund verdorbener Trauben gestorben war, wie die einen sagten, oder einer Vergiftung, angeordnet von eben demselben Kalifen, wie andere vermuteten. Danach setzten die Pilgerfahrten und die Prozessionen der schiitischen Muslime ein, und das ehemals unbedeutende Dorf wuchs zu einer bedeutenden Stadt heran. Verschiedene Male wurde das Heiligtum angegriffen und verwüstet. Im 15. Jahrhundert schließlich beschloss Schahrokh, einer der Söhne Tamerlans, die Stätte prächtig zu erneuern und auszubauen. Seine Frau, die fromme Goharschad, eine der mächtigsten und klügsten Frauen in der Geschichte des Islam, ließ die prächtige Moschee errichten, die ihren Namen trägt. Im Lauf der Jahrhunderte war das Heiligtum noch manchen Widrigkeiten ausgesetzt, das letzte Mal 1912, als die Russen die vergoldete Kuppel bombardierten. Doch der Glaubenseifer des Volkes und die Unterstützung der jeweiligen Herrscher sicherten stets den Erhalt dieses heiligen Ortes. Dies umso mehr, seit im 18. Jahrhundert Schah Nader beschlossen hatte, das Mausoleum des Imam Reza zum Hauptwallfahrtsort des schiitischen Islam auszubauen. Seine Unterstützung war darum entschiedener als die seiner Vorgänger – und sei es auch nur, weil er nicht mit ansehen wollte, wie die Pilgergelder der Schiiten alle in den benachbarten Irak nach Kerbela flossen, wo sich das Grab des Imam Hossein befindet.

Diese Vorgeschichte erklärt, warum das Mausoleum in Maschhad stets als eine ganz besondere Stätte betrachtet wurde und darum auch keine Ungläubigen innerhalb seiner Mauern zugelassen waren. Bei seinem ersten Aufenthalt in der Stadt hatte sich Byron damit begnügt, »in Begleitung eines unglücklichen Polizeioffiziers den ganzen Vormittag auf verschiedenen Hausdächern zu verbringen und mit einem Feldstecher das Heiligtum von der gegenüberliegenden Seite der Ringstraße aus zu betrachten«. So hatte er »drei Haupthöfe, jeder davon mit vier *iwan* (kein anderes Wort ist

tauglich, um die großen offenen Hallen mit ihren hohen Spitzbögen, welche das besondere Merkmal persischer Moscheen sind, angemessen zu benennen)« erkennen können und »den Kachelschmuck, der aus der Ferne an Chintz erinnert«, bewundert. Damit war er fürs erste zufrieden, denn alleine wagte er es nicht, sich über das Verbot hinwegzusetzen, und so begnügte er sich mit einem Besuch des kleinen, ruhigen Mausoleum des Khadsche Rabi, wo er »in völligem Einklang mit der Welt ruhig dasaß und zeichnete, solange die Wintertage dies erlaubten«. Das achteckige Gebäude aus dem 17. Jahrhundert ist mit ausgesucht schönen farbigen Fayencen geschmückt. Es verwundert darum nicht, dass Byron von diesem charakteristischen Beispiel der raffinierten Baukunst unter Schah Abbas dem Großen ganz hingerissen war.

Eine geglückte List

»Besucher, die das Grabmal des Imam Reza zu sehen wünschen, nehmen ihr Abendessen im Hotel de Paris ein und verkleiden sich dann dem Anlass entsprechend.«

Doch inzwischen haben verschiedene Äußerungen den Schriftsteller von der Besonderheit und der architekturgeschichtlichen Bedeutung des Mausoleums und vor allem der Goharschad-Moschee überzeugt. Byron will den Versuch wagen, sich zu dem verbotenen heiligen Ort Zutritt zu verschaffen. Am Abend des 6. Mai schminken sich Byron und Sykes die Gesichter mit dem angerußten Ende eines Korkens, streifen sich die Kleidung ihrer Diener über und werden von ihrem Begleiter, einem Volksschullehrer, abgeholt, der sie durch die damals noch schmalen, dunklen Gassen zu dem umschlossenen Bezirk führt. Dann gelangen sie in den Hof der Goharschad-Moschee, können aber von den Gebäuden zunächst nur wenig erkennen. Die Laternen geben ein spärliches, bernsteinfarbenes Licht, und vor ihnen huschen »Mullahs mit Turbanen und Afghanen in langen weißen Gewändern« hin und her. Aus dem nahen Heiligtum sind die Gesänge von Pilgern zu hören. Mit geschärften Sinnen nimmt Byron trotz der religiösen Atmosphäre des Ortes vor allem die ästhetische Botschaft des Baukunstwerks um sich herum wahr: »Fließende und so zart ineinander verschlungene Arabesken, dass sie so wenig nach einem Mosaik aussahen, wie bei einem kostbaren Teppich noch die einzelnen Fäden sichtbar sind. Über unseren Köpfen aber waren im Dämmerlicht großflächigere Muster zu erkennen. Die Gewölbe und Friese wurden durch Kalligrafien belebt.«

Um den beiden Besuchern genug Zeit zu lassen, umrundet ihr Führer mit ihnen zwei Mal den Hof vor dem Grabmal. Um die Aufmerksamkeit der Aufseher nicht auf die Fremden zu lenken, brummte er unentwegt Kauderwelsch vor sich hin, das eine Art Selbstgespräch vortäuschen sollte. Byron bezeichnet das Gemurmel mit der ihn nie verlassenden Spottlust als »Monolog einer Putzfrau«, dem er interessiert zuhörte: »Und ich sagte ihm brummel brummel brummel brummel, er sagte brummel? Ich sagte, so hätte ich gesagt, und brummel brummel brummel brummel sagte er zu mir, ich sagte brummel! Brummelbrummelbrummelbrummel …«

Was er im Dämmerlicht des Abends von den Gebäuden des Heiligtums erkennen kann, begeistert Byron so, dass er beschließt am nächsten Morgen noch einmal dorthin zurückzukehren. Der Führer zögert zunächst, lässt sich dann aber zu dem Abenteuer überreden. Sykes erklärt, mit seinem blonden Bart, den er schwer verstecken könne, sei ihm das Risiko bei Tageslicht zu groß.

Am Morgen schminkt Byron sich noch sorgfältiger als schon am Abend zuvor, schwärzt seinen Schnurrbart und legt die ungewohnte Bekleidung der einheimischen Bevölkerung an. Auf dem Kopf trägt er einen so genannten Pahlawi-Hut, dem er einige Fußtritte versetzt hat, um ihn abgenutzter aussehen zu lassen. Als er mit seiner Verkleidung fertig ist, wird ihm die Nachricht überbracht, dass sein Führer abgesagt hat. Ohne zu zögern, macht Byron sich alleine zu dem Mausoleum auf.

Ein kurzer Abschiedsbesuch

»Alles hing von meinem Gang ab. (…) Wenn ich zögerte, würde ich sofort auffallen.«

Da er es nicht wagt, eine Droschke zu nehmen, weil ihn sein britischer Akzent dabei mit Sicherheit verraten würde, beschließt er, den Weg zu dem Heiligtum zu Fuß zu gehen. Für den Marsch gewöhnt er sich einen »schnellen, fast hüpfenden Schritt an«, der ihm »typisch persisch« zu sein scheint und ihn »davor bewahren soll, über unebene Pflastersteine zu stolpern«. Ohne aufzufallen gelangt er durch das Haupttor in den ersten Hof, als ihm plötzlich eine Gruppe von Mullahs im Weg steht, an denen er jedoch furchtlos vorübergeht. Er durchquert den Basar rings um das Mausoleum und gelangt schließlich in den Hof der Goharschad-Moschee. Dort empfängt ihn »eine solche Fanfare aus Farbe und Licht«, dass er »wie geblendet einen Moment innehält. Es war, als ob jemand eine

Vorangehende Seiten:
Im Heiligtum des Imam Reza. »Die großartigen Minarette auf beiden Seiten des Grabmals ragten über Sockeln mit kufischen Inschriften in der Größe eines Kindes auf und waren mit reich verzierten, rautenförmigen Ornamenten überzogen.«
(Robert Byron, *The Road to Oxiana*)

Oben:
Fußwaschung im Hof der Goharschad-Moschee.

Rechte Seite:
Detail aus dem Kachelschmuck in einem der *iwans* der Moschee des Imam.

zweite Sonne angeknipst hätte.« Bald haben sich seine Augen an das helle Licht gewöhnt, und so kann er seine Beobachtungen vom Vorabend noch durch einige weitere Angaben ergänzen: »Der Innenhof war ein Garten, in dem Farben blühten: Türkis, Rosa, Dunkelrot und Dunkelblau, gesprenkelt mit Purpur, Grün und Gelb. Und die Pfade, welche hindurchführten, waren aus gelbbraunem Ziegelstein. Riesige weiße Arabesken wirbelten über den Bögen der *iwan*. Im Innern aber bargen diese noch weitere schattigere Gärten.«

Nach kurzer Zeit jedoch beginnt er sich unsicher zu fühlen, nicht ganz zu Unrecht. Seine Haltung eines aufmerksam beobachtenden Fremden war einigen Gläubigen aufgefallen, und so macht er schnell kehrt und verlässt den Bezirk des Heiligtums wieder. Doch auch wenn sein Besuch nur kurz war, so hat er sich doch gelohnt. Byrons Resümee für seine Architekturstudien liest sich wie folgt: »Was ich wissen wollte, hatte ich erfahren. Erstens, dass die Verwendung von farbigen Mosaiken an Außenwänden in der timuridischen Renaissance ihren Höhepunkt erreichte; und zweitens, dass die Schönheit der Mosaiken in Maschhad von sechs der sieben Minarette in Herat noch übertroffen wird, deren Reste noch zartere Muster sowie noch reinere Farben aufweisen und nicht durch blanken Ziegelstein unterbrochen werden. Die wenigen Reisenden, die sowohl Samarkand und Bokhara als auch das Heiligtum des Imam Reza besichtigt haben, sind sich einig, dass in den beiden erstgenannten Städten nichts dem letzteren gleichkommt. Wenn dies stimmt, so muss es sich bei der Moschee der Goharschad um das bedeutendste noch erhaltene Bauwerk aus jener Epoche handeln. Die Ruinen in Herat aber beweisen, dass es einst ein noch bedeutenderes gab.«

Am Tag nach diesem abenteuerlichen Besuch im Heiligtum des Imam Reza brechen die beiden Engländer endgültig in Richtung Afghanistan auf. Ihre nächste Etappe in Persien ist Kariz, die letzte Stadt vor der afghanischen Grenze. Von dort aus gelangen sie nach Herat und reisen dann einen Monat lang quer durch Afghanistan nach Indien. Der letzte Brief, den Byron von Persien aus an seine Mutter schickt, verrät seine Unruhe vor diesem weiteren großen Reiseabschnitt und auch eine gewisse Sorge, was ihn jenseits der Grenze erwarten wird. Zugleich erläutert er nochmals seine inneren Beweggründe: »Du musst mir versprechen, Dich nicht allzu sehr aufzuregen, wenn Du diesen Brief erhältst – ich würde doch davon erfahren. Es wäre nicht fair – denn wenn die weitere Reise auch nicht wirklich außergewöhnlich ist, so wird sie doch anstrengend genug sein, und es würde mich zusätzlich belasten, zu wissen, dass sie dich in allzu große Unruhe versetzt. (...) Auch solltest Du mir nicht vorwerfen, dass ich Dich nicht vorher in meine Pläne eingeweiht habe. Ich habe Dir gesagt, soviel ich selbst wusste. Halte Dir immer vor Augen, dass ich mich nicht um einer bloßen einfachen Neugierde willen auf Reisen begebe oder weil ich Abenteuer erleben will (was ich verachte). Reisen ist für mich ein Bedürfnis – eine Art von Prüfstein für meinen Charakter und ein Mittel, mich von den drückenden Gedanken im alten Europa zu befreien. Nur so gelingt es mir, mich weiter zu entwickeln.« Von Indien aus reist Byron nach England zurück und beginnt mit der Niederschrift

seines als Tagebuch angelegten Reiseberichts *The Road to Oxiana*. Das Buch wird ein großer Erfolg. Als der Zweite Weltkrieg ausbricht, tritt Byron, der von Anfang an ein erklärter Gegner des Nationalsozialismus war, unverzüglich in die britische Armee ein. 1941 wird das Kriegsschiff, auf dem er sich befindet, vor der Küste Ägyptens versenkt und die ganze Mannschaft als vermisst gemeldet. Robert Byron war erneut unterwegs nach Maschhad, wo er als militärischer Beobachter seinen Posten beziehen sollte.

Im inneren Exil
Annemarie Schwarzenbach

»Äußerlich ruhig wie gewöhnlich, war ihr farbloses Gesicht ein Symbol, das ich zu deuten suchte: es war ein ›einfaches‹ Gesicht im eigentlichen Sinne des Wortes, offen, ungekünstelt, nicht von sich selbst eingenommen – ein Gesicht, das dem Gegenüber nichts vortäuscht. Unter der Fülle des kurzgeschnittenen Haares wirkte der Kopf zu groß, zu schwer mit Gedanken befrachtet für ihren so gebrechlichen Hals.«

Annemarie Schwarzenbach war eine Schriftstellerin, die ihr ruheloses, oft gequältes Leben rückhaltlos dem Schreiben widmete – und von Persien so fasziniert war, dass sie dieses fremde, maßlos weite und karge Land nicht nur bereiste, sondern tatsächlich versuchte, dort zu leben und heimisch zu werden. Schwarzenbach wird 1908 in einer reichen Schweizer Industriellenfamilie geboren. Ihre behütete Kindheit verbringt sie in einem schlossartigen Anwesen mit Park am Zürichsee. Nach dem Geschichtsstudium an der Universität in Zürich begibt sie sich für einige Monate nach Paris, wo sie sich an der Sorbonne für Philosophie und Psychologie einschreibt. Mit zwanzig beginnt sie zu schreiben und bald werden einige ihrer Erzählungen veröffentlicht, darunter die *Pariser Novelle*. 1930 lernt sie die Geschwister Klaus und Erika Mann kennen, mit denen sie eine enge, fast lebenslange Freundschaft verbinden wird. Die Verehrung und Liebe, welche sie den beiden entgegenbringt, reicht bis zu regelmäßigen finanziellen Zuwendungen. 1931 promoviert sie mit der Arbeit *Beiträge zur Geschichte des Oberengadins im Mittelalter und zu Beginn der Neuzeit* zum Doktor der Geschichte. Danach unternimmt sie zahlreiche Reisen quer durch Europa, in deren Verlauf sie auch oft die Familie von Thomas Mann besucht. In diese Zeit vor der ersten Persienreise fällt auch der Beginn ihrer Morphiumsucht, einer zerstörerischen Abhängigkeit, von der sie, abgesehen von kurzen Unterbrechungen, ihr ganzes Leben lang nicht mehr loskommt.

Am 12. Oktober 1933 bricht sie zu einem langen Aufenthalt im Vorderen Orient auf, um ihren eigenen existenziellen Verstrickungen, aber auch der Zuspitzung der politischen Verhältnisse in Europa zu entkommen. *Winter in Vorderasien* wird sie ihre später veröffentlichte Reiseerzählung nennen, die sie mit zahlreichen eigenen Fotografien illustriert. Auch in Persien hält sie sich längere Zeit auf und lernt dort den französischen Diplomaten Claude-Achille Clarac, ihren späteren Ehemann, kennen.

Im April 1934 ist sie wieder in der Schweiz, doch nur für einige Monate, denn schon im September begleitet sie Klaus Mann auf seiner Reise nach Moskau und bricht kurz darauf zu einem zweiten Aufenthalt nach Persien auf, wo sie bei den archäologischen Ausgrabungen im altpersischen Rhages mithilft. Im Dezember kehrt sie nach Europa zurück und unternimmt wenig später den ersten Selbstmordversuch. Es folgt eine Entziehungskur, doch schon im April 1935 ist sie wieder nach Persien unterwegs. Sie heiratet dort Claude-Achille Clarac und verbringt den Sommer in einem Zeltlager zu Füßen des Damawand. Ihre zwei Hauptwerke *Das glückliche Tal* und *Tod in Persien* handeln von den Erfahrungen jener Sommerwochen in einem abgelegenen persischen Hochgebirgstal.

Im Oktober zieht es die rastlose Reisende wieder in die Schweiz, und in den folgenden Jahren reiht sich eine Reise an die andere, unter anderem auch in die Vereinigten Staaten. Sie verfasst zahl-

Annemarie Schwarzenbach hielt sich mehrere Male in Persien auf und hoffte dort nicht nur für ihr eigenes Leben neue Möglichkeiten zu entdecken, sondern auch den einengenden politischen Verhältnissen in Europa zu entkommen. Ihre Erlebnisse und Erfahrungen in dem Land verarbeitete sie in mehreren Erzählungen sowie zwei Romanen. Über ihre erste Reise verfasste sie ein journalistisches Tagebuch. Mit großer Empfindsamkeit beschreibt sie die eigenartige, fast verstörende Anziehungskraft, die für westliche Reisende von der unermesslichen Weite der Landschaft ausgeht.

Linke Seite:
Die mächtige Gebirgslandschaft Kurdistans, durch die Schwarzenbach in das Land einreiste.

Ganz unten:
Junge kurdische Frauen in traditionellen Gewändern. Fotografische Aufnahme um 1900.

Rechte Seite:
So weit das Auge reicht, erstrecken sich vor den Reisenden, die aus dem Irak kommen, die gebirgigen Hochebenen Kurdistans.

Unten:
Schwarzenbach, unabhängig und aus wohlhabendem Elternhaus, reiste mit ihrem eigenen Wagen.

reiche Artikel und Fotoreportagen, schreibt an verschiedenen Erzählungen, verliebt sich unglücklich und bringt mehrere Entziehungskuren hinter sich. In den Iran kehrt Annemarie Schwarzenbach ein letztes Mal 1939 zurück. Zusammen mit ihrer Schweizer Gefährtin Ella Maillart durchreist sie das Land in Richtung Afghanistan und Indien.

Ein mythisches Land

»Man fertigte uns ab und öffnete die Schranke: da fuhren wir auf der Straße der persischen Heere, die einst gegen Griechenland zogen.«

Über ihren ersten Aufenthalt in Persien verfasst Annemarie Schwarzenbach einen begeisterten Reisebericht, in dem sie mit journalistischen und literarischen Mitteln die ganz besondere Atmosphäre Persiens und die dadurch in ihr geweckten Gefühle wiederzugeben versucht. Sie gelangt auf derselben Reiseroute wie Robert Byron in das Land, über die Hügelketten Kurdistans, die Schwarzenbach sofort in ihren Bann ziehen: »Wir ließen die gelben Hügel hinter uns und die tiefen Stromtäler. Ein neuer Blick von herber Größe öffnete sich und erfüllte mit Jubel und jähem Staunen. Berge schienen sich in die Ewigkeit fortzusetzen; breite Täler lagen noch schneebedeckt zu ihren Füßen, da flossen Bäche zwischen niedrigen Ufern, und Weiden wiegten sich im leichten Bergwind.« Schwarzenbach verbringt die erste Nacht in Kermanschah, der Hauptstadt der Region, die zu jener Zeit noch ringsum von Mohnfeldern umgeben ist. Von jeher gehörte zu den Traditionen – und den Lastern – Persiens auch der Anbau und der Konsum von Opium, auf persisch *taryak*.

Viele Reisende berichten davon, auch Byron, der sich über den jämmerlichen Zustand seiner Diener beklagt, wenn sie Opium geraucht hatten. Zu Zeiten nahm der Konsum so überhand, dass daraus eine wahre Geißel zu werden drohte. Heute sind die Mohnkulturen offiziell verboten, doch die vielen *taryaki*, die Opiumraucher, beschaffen sich ihre Droge aus dem benachbarten Afghanistan, um weiterhin insgeheim ihre Sucht befriedigen zu können.

Annemarie Schwarzenbach, die selbst Erfahrung mit Drogen hat, erklärt, wie der milchig-harzige Saft gewonnen wird: »Da gibt es große Mohnfelder, die im Juni wie Baumwolle blühen, weiße weithin wiegende Schleier. Kurdenfrauen schneiden die Pflanze an und sammeln den zu zäher Masse erstarrten Saft, dessen giftig-süße Wirkung schon den alten Assyrern vertraut war. Virgil nannte es das ›schlaferregende Mittel‹.« Die überwältigenden, fast unerträglich weiten Landschaften sind ihrer Meinung nach der Grund, warum sich die Menschen Persiens in den Rausch der Träume und der Drogen flüchten.

Lediglich den Kurden gelingt es laut ihrer Beobachtung, dieser fatalen Verführung zu widerstehen. »Obwohl jene arm sind wie diese und in ausweglosem Elend leben, verfallen sie nicht in die gebeugte Haltlosigkeit und leicht unheimliche, gleichgültige Entrücktheit.« Durch ihre eigene Sprache und auch durch ihre Kleidung deutlich als eigenständiges Volk erkennbar, machten die Kurden damals den Großteil der Bevölkerung von Kermanschah aus, was auch heute noch der Fall ist. Besonders die Frauen mit ihren turbanartigen Kopfbedeckungen und den hageren, beinahe männlichen Gesichtern sowie die ebenso anmutigen wie temperamentvollen jungen Mädchen haben es der Schriftstellerin angetan.

Am nächsten Morgen unternimmt sie einen Ausflug durch die Dörfer der Umgebung, um noch mehr über dieses stolze Volk zu erfahren. Die Bauern leben in einfachen Lehmhütten, der feudalen Herrschaft weniger kurdischer Adelsfamilien ausgeliefert. Wenn sie auf den Feldern unterwegs sind, begleiten sie große, wolfsähnliche Hunde. Schwarzenbach hält sich länger auf, als sie vorhatte, vertauscht die Schreibfeder mit dem Fotoapparat, und es gelingen ihr großartige Porträtaufnahmen. Auch später wird sie immer wieder erstaunliche Fotos von ihren Reisen mitbringen – vielleicht war es ihr ganz besonderer Charme, den sie trotz aller inneren Zerrissenheit ausstrahlte, der es ihr ermöglichte, schnell und einfach Bekanntschaften zu schließen. Roger Martin-du-Gard, verwirrt und verzaubert von Schwarzenbachs Persönlichkeit, nannte sie einen »untröstlichen Engel«.

Ein früheres Heiligtum, dessen Kachelschmuck mit seinen Farben und Ornamenten ein typisches Beispiel für den Stil der Kadscharen-Zeit ist. Die Gebäude wurden zu verschiedenen religiösen Zwecken genutzt. Nach Beschädigungen im Verlauf der konstitutionellen Revolution ließen die letzten privaten Eigentümer, die Familie Mo'aven ol-Molk, die Fayencen stellenweise restaurieren, weshalb manche Motive deutlich erkennbar nach fotografischen Vorlagen gearbeitet sind.

»Ich, Dareios, König der Könige«

»... die diese anmaßende und beschwingte Formel fanden, kamen aus einem Land, wo Götter wohnen sollten ...«

Wieder nach Kermanschah zurückgekehrt begibt sich die Schriftstellerin nach Taq-e Bostan, der einzigen archäologischen Stätte mit Figurenreliefs aus der Zeit der Sassaniden außerhalb der Provinz Fars, aus der die Dynastie stammte. Die erste der Darstellungen, die in einen steil über einer Wasserfläche aufragenden Felsen gehauen sind, zeigt die feierliche Thronübernahme von Artaxerxes II. Er wird umringt von den Göttern Ahura Mazda und Mithra. Auf dem sich anschließenden Relief sind Schapur II. und sein Enkel Schapur III. zu erkennen, während in der zentralen Höhle Khosrou II. gefeiert wird, der zu Mohammeds Zeiten den Thron bestieg. »Der König ist auf seinem berühmten Pferd Schabdiz dargestellt; sein Gesicht ist vom Kettenpanzer bedeckt, er hält die Lanze über der rechten Schulter und sitzt leicht zurückgelehnt im Sattel. Das Bild macht einen sehr monumentalen und bedeutenden Eindruck; die Haltung des Königs, zugleich würdig und trauernd, zugleich gleichnishaft-allgemein und ergreifend persönlich, erinnert noch an die frühen Vorbilder: Persepolis.« Doch mehr noch als die überdimensionale Figur des Königs, welche das Relief an der Rückseite der Höhle schmückt, verdient die Abfolge figürlicher Szenen an den Seitenwänden besondere Aufmerksamkeit. Die dargestellten Jagdszenen haben erzählenden Charakter und sind weniger monumental gearbeitet als die übrigen Reliefs. In ihrer Technik und großartigen Darstellungskunst verweisen sie schon auf die Miniaturkunst, die wenig später ihre Blüte erleben sollte.

Nach dieser ersten Begegnung mit den Überresten der vorislamischen persischen Kultur begibt sich Schwarzenbach nach Bisotun, dreißig Kilometer nordöstlich von Kermanschah. Schwer zugänglich zwischen steilen, felsigen Abhängen gelegen, befindet sich dort eine für Persien sehr bedeutsame historische Stätte. In die Felswände gemeißelte Figurenreliefs illustrieren den Sieg von Dareios dem Großen über die aufständischen Fürsten seines

Reichs. Auf einer der Szenen ist Dareios in einem prächtigen Königsgewand zu sehen, überragt von der Figur des Gottes Ahura Mazda, während seine Feinde niedergestreckt zu seinen Füßen liegen. Neben diesen figürlichen Darstellungen gehören zu den Reliefs auch verschiedene Schrifttafeln mit babylonischen, elamitischen und altpersischen Zeichen. Die Texte preisen den Gott Zarathustra, zählen die Ahnenreihe von König Dareios auf und fassen die wichtigsten Ereignisse seiner Regierungszeit zusammen.

Nachdem sie die Felsreliefs ausgiebig bewundert hat, setzt Schwarzenbach ihre Reise in Richtung Hamedan, dem früheren Ekbatana fort. Während sie am Steuer ihres Wagens sitzt, gleiten Stunde um Stunde die noch schneebedeckten Gipfel der Gebirgszüge an ihr vorbei und nehmen sie in ihrer Schönheit völlig gefangen. »An den fernen Rändern der Ebene glänzten Berge im weichen Licht des Abends, und wenn wir ihnen näher kamen, erhoben sich neue, höhere Ketten in ihrem Rücken. Sie tauchten dunkel und unverbunden aus der Tiefe und standen am Ende aller Dinge wie Tod und Verklärung.«

Es ist schon Nacht, als die junge Schweizerin an ihrem Zielort ankommt. Sie übernachtet im Hotel de France, wo sie nach der langen Fahrt ein höchst willkommenes warmes Bad erwartet und das Feuer sie die kalten Temperaturen vergessen lässt, die auf der Hochebene im Vorfrühling immer noch herrschen. In dem kleinen Innenhof der Herberge ist der Schnee noch nicht geschmolzen, und während der Nacht kommt ein Sturm auf. Am Morgen sind die dürren Äste der Weiden mit Schnee bedeckt, der Himmel ist nach dem Unwetter der Nacht jedoch wieder klar und schon um sieben Uhr früh verlässt sie am nächsten Morgen die Stadt. Über das sagenumwobene Ekbatana verliert Schwarzenbach kein Wort. Allerdings ist von der alten Königsstadt der Meder, die im siebten Jahrhundert vor Christus gegründet wurde, auch nur sehr wenig erhalten. Trotz der ausführlichen archäologischen Grabungen, die seither durchgeführt wurden und zahlreiche Funde zu Tage för-

Folgende Seiten:
Die Höhle von Taq-e Boustan. Die Relieftafel rechts des Eingangs zeigt galoppierende Jäger, die von einem ganzen Hofstaat samt Musikern und Damen beobachtet, fliehende Wildschweine vor sich hertreiben. Links dagegen ist eine Hirschjagd zu sehen, an der, ebenso wie im anderen Relief, auch Elefantenreiter beteiligt sind (linke Seite). Der prächtig geschmückte Ritter an der Hauptwand (rechte Seite) ist wahrscheinlich Khosrou II., einer der Sassaniden-Herrscher, der zur Zeit des Propheten Mohammed lebte.

derten, sind die früheren Grundmauern der Stadt nur schwer auszumachen. Lediglich einige Festungswälle sind inzwischen zu besichtigen und geben eine Idee von der ehemaligen Größe und Bedeutung dieser Stadt, von der aus die Achämeniden ihr Reich regierten und in die Alexander der Große die geraubten Schätze aus Persepolis bringen ließ.

Vor Qazwin, in dem früher russische Kosakenregimenter stationiert waren – sie hatten Schah Reza bei seiner Machtergreifung militärisch unterstützt –, kommt die Schriftstellerin zum ersten Mal mit dem lebhaften Verkehr und den überfüllten Straßen rund um die großen Handelsstädte Persiens in Berührung. Qazwin liegt am Kreuzungspunkt der Reiserouten, die von der Türkei und vom Irak aus nach Teheran führen, weshalb dort Reisende und Händler aus aller Herren Länder anzutreffen sind. »Auf der breiten Straße, die in die Stadt hineinführt, begegneten wir einem ununterbrochenen Zug von Lastwagen, Eselherden, Reitern und Fußgängern, Karawanen zottiger Kamele. Ihre Treiber hatten dunkle und flache Mongolengesichter; sie trugen pustinegelbe Schafspelze, wie die Kutscher, die auf den zweirädrigen Karren lagen und schliefen.«

Danach schließt sich eine eintönige Strecke an, die über mehr als hundert Kilometer zur von mächtigen Gebirgszügen umgebenen Hauptstadt Teheran führt. Weithin sichtbar thront der wolkenverhangene Gipfel des Damawand über der Stadt, dessen gewaltiges Massiv immer weiter zurückzuweichen scheint, je näher die Reisende ihm kommt. Die Gebirge und die unermessliche Weite des Landes lösen in Schwarzenbach immer wieder Freude und Erstaunen aus, sind mehr noch als bei ihren Vorgängern ein immer wiederkehrendes Motiv in ihren Aufzeichnungen. In der kurzen Passage von *Winter in Vorderasien*, die sie Teheran widmet, finden sich auch Anmerkungen über das Verhältnis der Perser zu den überwältigenden Landschaften ihres riesigen Landes und der damit verbundenen geschichtlichen und kulturellen Entwicklung des Volkes. »Die großen Hochebenen sehen aus wie dem Himmel entrissen, die Gebirge an ihrem Rand glänzen in überirdischen Farben – aber trotzdem ist das Land nicht urweltlich, sondern präsentiert sich als alter, geschichtlicher Boden und weckt abwechselnd Ehrfurcht und Neugier. Man versteht immerhin, dass es den Arabern so leicht gelang, die Perser von ihrer Vergangenheit zu trennen und ihnen ihre Religion zu nehmen und durch den Islam zu ersetzen; und man versteht noch besser, dass später die Legenden Firdusis zur nationalen Tradition erhoben wurden, ohne dass es jemandem einfiel, an ihrer mehr als geschichtlichen Wahrheit zu zweifeln.« Im weiteren Verlauf ihres Textes kommt Schwarzenbach dann auf einen wesentlichen Charakterzug des persischen Volkes zu sprechen, seinen ausgeprägten Nationalstolz, der umso auffälliger ist, als sich Volksgruppen sehr verschiedener Herkunft in dem Land zusammengefunden haben. Durch die geheime Sehnsucht nach der untergegangenen Größe des alten Perserreichs und eine bußfertige Erwartung der Wiederkehr besserer Tage werde dieses Gefühl noch verstärkt. Es sei jedoch falsch, daraus auf eine Art schläfriger Zurückgezogenheit und ausschließlich rückwärtsgewandter Stimmung in der Bevölkerung zu schließen: »Die Perser verraten heute eine Genügsamkeit, wie sie Völkern eigen ist, die eine große Aufgabe hatten und ihre Rolle erfüllten, und nun bereit sind, in den großen Schoß der Geschichtslosigkeit zurückzukehren. Es mag etwas orientalische Indolenz mit dabei sein, doch soll man sie nicht mit der Erschöpfung aus tieferen Ursachen verwechseln. (...) Die Perser aber sind heute noch, wenigstens in religiösen Gefühlen, eines Fanatismus fähig, der wie ein Aufflackern bedrohter und im Kern schon angegriffener Energien ist. Sonst aber warten sie, anscheinend ohne große Hoffnungen, darauf, dass die Pforten des Paradieses sich ihnen öffnen.«

Von Teheran erwähnt Schwarzenbach lediglich das hervorragende Wetter und dass die Luft noch frisch sei, aber die Sonne die Stadt schon erwärme. Sie macht fotografische Aufnahmen von Gebäuden, gibt jedoch dazu keine Beschreibungen, und auch sonstige Reiseeindrücke fehlen. Vita Sackville-West hatte einige Jahre zuvor immerhin eine gewisse Lebensqualität hervorgehoben: »In dieser Höhe von fast viertausend Fuß ist die Luft so rein wie der Ton einer Violine, es herrscht Offenheit und Klarheit. Das Gefühl von Schmutz und Überbevölkerung, das in europäischen Völkern fast unausweichlich ist, gibt es hier nicht. Es war, als hätte man mich am Kragen gepackt und hoch über der Welt auf einem großen, weiten Dach wieder abgesetzt – auf dem iranischen Hochplateau.«

Heute bietet die iranische Hauptstadt einen völlig anderen Anblick. Die Zahl der Einwohner ist von 300 000 auf inzwischen zwölf Millionen angewachsen, ein dichtes Netz vielspuriger Straßen durchzieht die Stadt, die Luft ist verpestet und sogar in den Hanglagen der Stadt kaum noch einzuatmen. Das traditionelle Zentrum der Stadt, rund um den Basar, hat sich inzwischen nach Süden verschoben, während die Gärten, die ehemals außerhalb der Stadt zum Gebirge hin lagen, von Neubauvierteln verschluckt wurden.

Auf den Hügeln vor Teheran

»Keine Jahreszeit hätte sich besser eignen können, um die Bekanntschaft Persiens zu machen, als dieser herbe und liebliche Frühling!«

Während ihres ersten Aufenthalts in Teheran verkehrt Annemarie Schwarzenbach in den Kreisen der dort lebenden Europäer – der Archäologen, Geschäftsleute und Diplomaten, die ihr eigenes gesellschaftliches Leben pflegen. Dort lernt sie auch Claude-Achille Clarac kennen, ihren späteren Mann, und vielleicht rührt das auffällige Schweigen, mit dem sie in ihrem Reisebericht *Winter in Vorderasien* diese Tage übergeht, auch von der unbestimmten Vorahnung her, dass die Stadt mitsamt ihrer Umgebung in ihrem eigenen Leben und Schreiben noch eine große Rolle spielen würde.

Und noch eine andere Begegnung ist für die weiteren Pläne Schwarzenbachs von Bedeutung. Sie trifft in Teheran den deutschen Archäologen Erich Schmidt, der mit Grabungen in dem wenige Kilometer weiter südlich gelegenen Rhages befasst ist und sie einlädt, ab dem folgenden Herbst bei ihm mitzuarbeiten. In einem Brief an Klaus Mann, den sie noch eine Woche vor ihrer Rückreise verfasst, schreibt Schwarzenbach: »Mir scheint, ich habe mich fest entschlossen, dort im Herbst drei Monate zu arbeiten. Wundert es dich sehr? Aber, wenn es auch noch besprochen und mit Euch erwogen sein will: ich kann, wenn ich an Europa denke, nichts finden, was mich dort hielte oder mir auch nur recht erträglich schiene – außer unseren Sommerfreuden und etlichem, was wir etwa gemeinsam tun könnten. Daran allerdings halte ich fest – aber, wie du der ›Sammlung‹ viel Zeit und Arbeit widmest, so meine ich, ich muss meine Arbeit finden. Ich würde in Rhages hauptsächlich Schädel messen und die Absurdität der deutschen Rassen-Idioten an iranischen Beispielen kund tun, das allein kommt mir verführerisch vor.«

Da die Schriftstellerin nach Persien gekommen ist, um das Land kennen zu lernen, hält es sie in Teheran nicht lange. Die erste Rundfahrt führt sie in den iranischen Norden, in die Gegenden von Mazanderan und Gilan, die von den meisten Reisenden unbeachtet bleiben, da sie den europäischen Klischeebildern von Persien so wenig entsprechen. In den beiden am Kaspischen Meer gelegenen Provinzen herrscht ein sehr gemäßigtes, feuchtes Klima, das den Landstrich zu einem einzigen grünen Garten macht. Der Kontrast zum Rest des Landes könnte größer nicht sein. Um in dieses persische Paradies zu gelangen, muss sich Schwarzenbach jedoch zuerst erneut der übermächtigen Gebirgslandschaft Persiens aussetzen und das gefürchtete Elburs-Massiv durchqueren. Die Straße, der sie folgt, hängt buchstäblich zwischen Himmel und Erde und führt sie in waghalsigen Kurven an steil abfallenden Abgründen vorbei: »Wir fuhren nun den Pass empor, die Kurven führten tief in die Falten des Berges und in kühnem Bogen wieder daraus hervor. Es war dunstig, der Ausblick verschloss sich; bald sah man nur die Straße, ein Stück steilen Abhangs, manchmal einen Felsen, der sich wie ein Tor in die Straße schob oder wie eine erstarrte Steinlawine darüber hing. (...) Oben hatten wir den Nebel plötzlich überwunden und befanden uns auf einer weiten Ebene, die umrahmt war von braunen, dahinter von weißen Ketten. Sie hatten an Höhe und Majestät verloren, nun waren sie schon Boten des Himmels, kristallkalte Luft wehte von ihnen herüber, ein leichter Wind auf der Hochfläche.« Nach dieser Fahrt über das Him-

Vorangehende Doppelseite:
In traditioneller Bauweise errichtetes Haus in Hamedan sowie ein Töpfer im Dorf Laledjin, das für seine Tonwaren berühmt ist.

Linke Seite:
Garten eines Anwesens nördlich von Teheran, wohin reiche Perser, europäische Kaufleute und Diplomaten vor der Sommerschwüle der Stadt entflohen.

Oben:
Die Landschaft des Mazanderan, deren höher gelegene Kuppen selbst im Sommer häufig im Nebel verschwinden.

Einfaches Mausoleum in einem abgelegenen Hochtal des Mazanderan. Typisch für den Baustil der Region sind die schweren Holzbalken und die Wandpfeiler mit den weit ausragenden, einfach verzierten Kapitellen.

melsdach geht es wieder bergab, die Berge beginnen ihre Farbe allmählich zu verändern, Wälder und satte, grüne Weiden tauchen nun auf.

In den wunderschönen Tälern sind die ersten Dörfer zu sehen, in der für das Mazanderan typischen Bauweise der Häuser. »In der feuchten Talsohle standen die Gehöfte, lang gestreckte, niedrige Hütten mit tiefen Giebeldächern aus Stroh und Holzschindeln. Holz! Damit begann eine andere Kultur; statt der nackten, gelben Lehmmauern umzogen nun Zäune aus Latten, Pfählen und Strauchwerk die Gärten und an einem steilen Hügel lag, wunderbar unregelmäßig, ein Kraal aus Ästen und aufgehäuftem Dorngebüsch.« Neben solchen ästhetischen Aspekten weisen die Häuser im iranischen Norden vor allem eine Eigenart auf, die im übrigen Land nicht zu finden ist. Sie sind nämlich nach außen offen. Die Terrassen, auf denen im Sommer die Mahlzeiten eingenommen werden, sind nicht wie überall sonst hinter hohen Mauern versteckt, sondern liegen vielmehr offen und einladend da. Auch die Bevölkerung der beiden Provinzen ist herzlicher und gastfreundlicher als in den anderen Regionen des Iran.

Auf der Weiterfahrt sind in den Tälern die ersten terrassenförmigen Reisfelder zu erkennen, deren helles Grün selbst den dicksten Nebel durchdringt. In der Ferne hallen die regelmäßigen Schläge der Holzfäller wider, und im saftigen Grün weiden Kühe. Diese Idylle unterscheidet sich so grundlegend von allem, was Annemarie Schwarzenbach bisher in Persien gesehen hat, dass ihr das Ganze wie eine Filmkulisse erscheint. Doch auch diese verändert sich wieder: »Der Wald wurde bald dichter; er zieht sich von diesem romantischen Vorgebirge als breiter Gürtel bis in die tropische Zone hinunter und nimmt dort den Charakter des Urwalds an.«

Am Ufer des Kaspischen Meers

»In dieser kahlen Welt von farblosen Felsen, Schieferton und Geröll traf das grelle Grün des ersten Reisfeldes das Auge, wie nach einem allzu langen Schweigen der erste Freudenruf das Ohr erreicht.«

Bevor sie aufbricht, um den grünen Dschungel näher zu erkunden, verbringt die Schweizerin einige Tage in dem Hafenort Babolsar, damals Maschhad Sar genannt, und sieht dort zum ersten Mal das Kaspische Meer, »einen abendlichen blauschwarzen Spiegel hinter dem aufgebrachten Schaumwall vor der Flussmündung«. Babolsar ist zu jenem Zeitpunkt noch ein ruhiges Dorf und wird erst unter dem Einfluss der Pahlawi zu einem viel besuchten Badeort. Wenige Jahre später, als die Schriftstellerin mit ihrer Reisegefährtin Ella Maillart nochmals an den Ort zurückkehrt, stellt diese durchaus Gemeinsamkeiten zwischen dem kleinen Hafen am Kaspischen Meer und dem mondänen normannischen Seebad Trouville fest, als dieses »noch in seinen Anfängen steckte«. Es gibt ein Casino, an dem verlassenen, langen Strand sind Badekabinen aufgestellt, und auch ein Luxushotel ist zu finden, in dem heute eine Hochschule untergebracht ist. »Ein Palast-Hotel leuchtete weiß in der Sonne. Es war vor zwei Jahren eiligst fertig gestellt worden, als der Schah den Gegenbesuch Kemal Atatürks erwartete. Dort wurde mir in den Prunkgemächern (pst, pst!) ein in der Wand verborgenes Mikrofon gezeigt, das aber nie seinen Zweck erfüllt hatte, da Atatürk nicht kam.«

Von dem Fenster des Hôtel d'Orient, in dem sie während ihres ersten Aufenthalts wohnt, blickt Annemarie Schwarzenbach in den strömenden Regen. Auf Einbäumen stehen Männer im Fluss und machen mit der Harpune Jagd auf Lachse, die, zusammen mit Glühwein zum Aufwärmen, als Nachtessen serviert werden. Erschöpft von der langen Fahrt legt sie sich schon um neun Uhr abends schlafen. Am nächsten Morgen besucht sie die Störfischereien und beobachtet interessiert die Zubereitung von Kaviar. Zu jener Zeit lagen deren Produktion und der Handel völlig in sowjetischer Hand. Zwar hatte Schah Reza die alte Konzession, welche der Firma Lianosow verliehen worden war, zurückgezogen und unter dem Namen Mahi-Iran eine neue russisch-persische Handelsgesellschaft gegründet, doch beherrschten nach wie vor die Russen den Markt. Zwei Mal im Monat legten Handelsschiffe an, welche ihre kostbare Fracht verluden und über Bandar-e Anzali in die Sowjetunion transportierten, bevor sie dann weiter nach Europa verschickt wurde, um schließlich in westlichen Gourmettempeln und auf den Tafeln reicher Feinschmecker zu landen.

Die Perser selbst hatten damals nur einen geringen Anteil am Verkauf des Kaviars, und auf die Störe verzichteten sie ganz. Dieses geringe Interesse für den Kaviar, vor allem aber für den Stör, ist zum Teil dadurch zu erklären, dass der in der Entwicklung der Arten schon früh aufgetauchte Fisch lange Zeit in dem Ruf stand, überhaupt keine Schuppen zu haben und darum im Islam als Speise verboten war. Später jedoch, nach der islamischen Revolution, waren die Iraner nicht mehr bereit, sich diese Einnahmequelle entgehen zu lassen, und es wurden eifrige Forschungen betrieben, um wenigstens eine einzige Schuppe am Körper des Störs zu finden und ihn dadurch vor dem Koran zu entschuldigen. Schließlich wurden an der Schwanzflosse des Fisches tatsächlich einige Schuppen entdeckt. Diese unverhoffte Entdeckung ließ den Luxusfisch in seinem Herkunftsland jedoch kaum populärer werden.

Schwarzenbach scheint keine Gelegenheit gehabt zu haben, von den schwarzen Perlen zu kosten, zumindest berichtet sie nicht davon. Sie beschreibt lediglich, wie ein russischer Arbeiter mit geübter Hand den Rogen des Störs wiegt, ihn dann siebt, leicht salzt und schließlich in seiner berühmten runden Metalldose mit einem Gummiband verschließt.

Unten:
Eine Familie, die von Schwarzenbach bei ihrer Mahlzeit im Freien überrascht wurde. Picknickausflüge in die Berge des Nordens mit ihrem angenehm frischen Klima sind bis heute sehr beliebt.

Folgende Doppelseite:
In der Ebene zwischen dem Elburs-Gebirge und dem Kaspischen Meer breiten sich fruchtbare Reisfelder aus.

Blick auf den Hafen von Babolsar, in dem Schwarzenbach die Herstellung von Kaviar beobachten konnte. Die Störfischerei wie auch die Kaviarproduktion sind heute streng geregelt und eine feste staatliche Einnahmequelle.

»Zuerst in die grünen Alpmatten. Dann durch den Wald, der bald Urwald wird: Bären, Wölfe, Panther und Wildkatzen hausen dort.«
(Annemarie Schwarzenbach, *Tod in Persien*)

Rechte Seite:
Wie zu alten Zeiten ziehen auch heute noch die Schäfer mit ihren Herden durch die Landschaft des Mazanderan. Doch müssen sie sich nicht mehr vor den Raubtieren fürchten, die einst in großer Zahl in den wilden Wäldern lebten. Die Kadscharen-Herrscher veranstalteten in dieser Gegend riesige Jagden.

Ein Hinterland wie im Paradies

»Aber von den Tigern hörten wir nichts; sie halten sich oben in den Bergen versteckt, Fabeltiere und Räuber, und geben nur von Zeit zu Zeit Zeichen ihrer gefährlichen Gegenwart.«

Nach ihrem Besuch in der Kaviarfabrik wandert Schwarzenbach zu Fuß am Strand entlang und durch die Dünen, die sich damals noch weit ins Land erstrecken. Von Zeit zu Zeit fliegen über ihren Kopf Scharen von Wildgänsen hinweg, und sie fühlt sich in eine Welt der Kindermärchen versetzt.

Dann beschließt sie, in das Hinterland aufzubrechen, und erkundet eine Landschaft, an deren idyllischer Abgeschiedenheit sich bis heute wenig geändert hat. »Wir gingen durch das geschützte, von Dornsträuchern, blühendem Ginster und gelben, uns unbekannten Blüten bedeckte Land hinter den Dünen (...); Zebus weideten auf dem spärlichen Boden und hatten kleine Pfade durch das fast undurchdringliche Gebüsch gebrochen. In der Nähe des Flusses, auf Wiesen, wo wilde Obstbäume in rosa und weißer Blüte standen, trafen wir kleine bäuerliche Anwesen, umschlossene Höfe, darin Ziehbrunnen und bunt gekleidete Kinder, die sich auf die Schwelle des Hauses hockten, neugierig und aufgeregt in unsere Fotoapparate schauend.«

Auf die Küstenstraße zurückgekehrt, die sich zwischen den Feldern und dem Ufer entlangschlängelt, fährt sie in Richtung Deh No, wo sich schon die Ausläufer des angrenzenden Dschungels bemerkbar machen. Bei einer Rast hat sie Muße, den wild wuchernden Urwald zu betrachten, in dem noch kurze Zeit zuvor Bären, Tiger, Geparden und Leoparden gehaust hatten. Unter den Kadscharen wurden die Tiere jedoch bei den prächtigen Hofjagden des Schahs in großer Zahl erlegt. »Hier hatte der Wald alle wuchernden, maß- und formlosen Gestalten der Tropen: geborstene und hohle Stämme reckten sich ans Licht; von abgedrosselten Ästen hingen wie Schlangenleiber große Lianen, schlugen Knoten und Violinschlüssel, griffen nach den Wurzeln und boten einen sonderbar gefährlichen Aspekt. Auf den Stämmen wuchsen Moos, Farnkraut und daneben fremdes Gewächs, eines sog gierig Leben aus dem anderen; unten lag in schwerer Feuchtigkeit der Boden und nahm Keime auf, giftige und zarte, und schützte die Wurzeln junger Pflanzen, die bleich unter den Schatten der alten sich zu einem verkrüppelten Dasein entschlossen.« Ein bildhafter Vergleich, der viel von Schwarzenbachs eigener innerer Verfassung verrät, wenn man ihr eigenes tragisches Schicksal bedenkt und ihre äußerst schwierige Beziehung zu ihrer Mutter, deren dominante Persönlichkeit nicht wenig zu den seelischen Problemen der Schriftstellerin beitrug.

Am Abend gelangt Schwarzenbach nach Ramsar, ehemals Ab-ie Garm, einen damals für seine Thermalquellen berühmten Ort, wo sie auch die Nacht verbringt. Von dem späteren Seebad ist ähnlich wie in Babolsar noch wenig zu spüren. Auf den Hügeln liegen die Bauten eines Sanatoriums, direkt daneben wird von den Pahlawi in den vierziger Jahren das luxuriöse Hotel Qadim errichtet werden. Doch noch ist es nicht soweit, und auch die Prachtstraße vom Hotel zum Strand ist damals noch ein sumpfiger Pfad, umgeben von Reisfeldern, in denen Malariamücken durch die feuchte Luft schwirren.

Schon in den frühen Morgenstunden unternimmt die Schriftstellerin am nächsten Tag einen Spaziergang in ein kleines Tal, beobachtet von dort aus den Sonnenaufgang und ist ganz verzückt von der grünenden Natur ringsum. Die Luft ist angenehm frisch, das Laub, die Gräser und das Moos verströmen einen erdigen Geruch. Die allgegenwärtigen Berge scheinen in der Ferne direkt aus dem Wasser emporzusteigen. Den ganzen Tag durchstreift Schwarzenbach die Täler hinter Ramsar und entdeckt Hütten, die ganz versteckt zwischen den grünen Abhängen liegen. »Wir trafen Köhler an; sie unterhielten sich in einem hohlen Baumstamm eine langsame Glut, um sich die Streichhölzer zu ersparen; in flachen Holzschalen bewahrten sie ihren Reis, saure Milch in einem Tonkrug. Im Gebüsch weideten Schafe; ihr Hirte, ein Turkmene, trug einen schwarzen Filzmantel, wie die Reiterhirten Anatoliens, und eine geschliffene Axt auf der Schulter. Er stand und sah uns zu, seltsam reglos, fast unnatürlich abgekehrt.«

Am Nachmittag schlägt das Wetter um, und es wird empfindlich kalt. Schwarzenbach kehrt an die Küste zurück, doch da das aufgewühlte Meer ebenfalls nicht sehr einladend ist, taucht sie noch einmal in die grüne Welt der Gebirgstäler ein. Eine weitere

VORANGEHENDE DOPPELSEITE UND OBEN: Das Städtchen Lahidschan in der Provinz Gilan wurde durch einen persischen Diplomaten berühmt, der Anfang des 20. Jahrhunderts aus Indien die ersten Teepflanzen einführte. Alle Täler ringsum sind inzwischen in Teeplantagen verwandelt.

RECHTE SEITE: Ab und zu ragen zwischen dem dichten Grün die Umrisse eines Mausoleums empor, wie das Imamzadeh des Scheich Zahed, das einige Kilometer außerhalb von Lahidschan liegt.

FOLGENDE DOPPELSEITE: Märkte in Dörfern des Gilan. Die fruchtbare Gegend beliefert den ganzen Iran mit Obst und Gemüse.

Ansammlung von Häusern taucht vor ihr auf, von ihr »das verwunschene Dorf« genannt. Das abendliche Dämmerlicht verleiht den schweren Pyramidendächern, deren Umrisse sich im Nebel nur undeutlich abzeichnen, eine geheimnisvolle, märchenhafte Aura. Aus der freundlichen ländlichen Idylle wird ein Ort gespenstischer Ruhe, in dem Gänse, Kühe und Zebus die einzigen lebenden Wesen zu sein scheinen. Die Wege laufen verzweigt zwischen den kleinen Anwesen hindurch, über einen plätschernden Bachlauf sind einfache Baumstämme gelegt. Erst allmählich wird das Bild lebendiger, vereinzelt sind Kinder zu sehen, dann Frauen, die hinter den Türrahmen halb versteckt sind. Wie aus einem tiefen Traum scheint das Dorf wieder zum Leben zu erwachen. Schließlich, als Schwarzenbach unbeirrt weitergeht, entdeckt sie ein paar Männer auf den Straßen und gelangt zu einem kleinen Basar. Sie bleibt vor der Feuerstätte eines Bäckers stehen, der große ovale Brotfladen, goldgelb und duftend, aus dem Ofen holt. Bevor es endgültig Nacht wird, macht sie sich auf den Rückweg und lässt das verwunschene Dorf hinter sich zurück, das allmählich im Nebel und in der Dunkelheit verschwindet.

Die Teegärten von Gilan

»Chinesen wurden hierher berufen, um die Bevölkerung die schwierige, seit tausend Jahren von ihnen verstandene Kultur zu lehren.«

Am folgenden Tag, einem Freitag, setzt Annemarie Schwarzenbach ihre Rundreise bis Lahidschan, der Stadt des Tees, fort. Zum damaligen Zeitpunkt baute man in Persien noch nicht lange Tee an. Erst gut zehn Jahre zuvor war es einem nach Indien entsandten persischen Diplomaten, Hadsch Mohammad Mirza Tschaikar, nach mehreren fehlgeschlagenen Versuchen endlich geglückt, einige Samenkörner des Teestrauchs in seinem Spazierstock versteckt ins Land zu schmuggeln. In seinem Garten nahe Lahidschan säte er sie aus und beobachtete, wie die Pflanzen sich entwickelten. Das Ergebnis war so zufriedenstellend, dass er chinesische Experten hinzuzog, um eine Teeplantage aufzubauen. Der Erfolg hätte

لوازم

größer nicht sein können, denn heute erstrecken sich die Teeanbaugebiete über mehr als 1500 Quadratkilometer. Die Ernte findet vom Frühjahr bis zum Frühsommer statt, wobei das Pflücken der Blätter vor allem den Frauen überlassen bleibt. Anschließend werden die Teeblätter in Fabriken weiter verarbeitet. Die Herstellung des schwarzen Tees geschieht dabei in vier Stufen: Zunächst lässt man die Blätter welken, um sie geschmeidiger zu machen. Dann werden sie gerollt, um die Öle freizusetzen, die für die späteren Bearbeitungsstufen von Bedeutung sind. Durch Siebe werden die Blätter der Größe nach sortiert, was ausschlaggebend für ihre unterschiedlichen Qualitätsstufen ist. Während der Fermentation, durch die sie ihre besondere Färbung und ihren Geschmack erhalten, werden sie danach mehrere Stunden lang befeuchtet. Das Trocknen in heißer Luft schließlich bricht den Fermentationsvorgang ab und beendet den Herstellungsprozess. Der Tee aus Lahidschan, bekannt unter der Bezeichnung Gilan, hat einen runden, erdigen Geschmack, eine dunkelrote Färbung und ist nicht teuer. Noch wird auf das Pflücken zu wenig Aufmerksamkeit verwandt, um eine gehobenere Qualität zu erzeugen, denn dafür müssten wie in Indien die ganz jungen Triebe aussortiert werden, um mit ihnen den feinsten Tee zu erzeugen. Einige Marken jedoch warten inzwischen mit geringen Mengen ausgesprochen hochwertiger Teesorten auf, die sich durchaus mit bestimmten indischen Lagen wie den Sikkim und den Doars messen können. Als Annemarie Schwarzenbach die Hügel mit den kugeligen Teesträuchern durchquert, sind die Plantagen noch lange nicht soweit, und statt mit den großen Namen mithalten zu wollen, ist man froh, bei einem Genussmittel, das zuvor importiert werden musste, einen gewissen Grad an Selbstversorgung erreicht zu haben.

Die Schriftstellerin interessiert sich allerdings auch weniger für die Pflanzungen als für die Menschen, die an jenem Freitag in den Dörfern, auf den Straßen und Feldern unterwegs sind: »Mädchen in kirschroten Röcken und langen schwarzen Hosen saßen lachend am grünen Straßenrand; vor ihnen hielten zu Pferd die Burschen. Kinder liefen bunt über die Wiesen. Wie Flaggen wehten weiße Kopftücher.«

Zurück in den Okzident

»Pahlawi, ein Hafen am Kaspischen Meer«

Nach der Fahrt durch die Region um Lahidschan hat die junge Schweizerin erneut den Rand des Urwalds erreicht. Mit der Fähre überquert sie den Sefid Rud, da es an dieser Stelle damals noch keine Brücke gab, und gelangt nach Rascht. Die Hauptstadt der Provinz Gilan, so berichtet sie, besitzt das Monopol auf den Handel mit Seide, das Straßenbild wird, ähnlich wie in Qazwin, vor allem von Russen bestimmt.

Am späten Nachmittag versucht sie noch nach Bandar-e Anzali zu gelangen, doch auf dem Weg über die weite, stille Ebene wird sie von der schnell einbrechenden Dunkelheit überrascht. Sie kehrt um, verbringt die Nacht in Rascht und bricht am nächsten Morgen zur Rückfahrt nach Teheran auf.

Auf ihrem Weg kommen ihr immer wieder lange Handelskarawanen entgegen, zwischen denen sie auch junge Kurden erkennt, die auf dem Weg in die Verbannung sind. Wie die Stämme der Qaschqais, deren Weg Pierre Loti gekreuzt hatte, werden auch die kurdischen Nomaden von den Schahs zu Ortswechseln gezwungen, um möglichen Aufständen vorzubeugen.

Schon bald durchqueren sie wieder die einförmige, erhabene Landschaft der persischen Hochebene. »Als wir bei einem Tell einen letzten Halt machten (der Hügel soll wie viele andere den Schatz des Iskender bergen), taten sich Mond und sinkende Sonne zusammen, und es entstand eine Fülle von wunderbar vielfarbigem Licht; der Himmel färbte sich dunkel und Wolken standen neben den Gebirgen, stählern und greifbar über der Ebene. Sie aber breitete sich wie ein samtener Teppich aus; das Licht floss in sanften Wellen über sie, und sie erwartete die Nacht.«

In Teheran hält sie sich jedoch nicht lange auf, sondern bricht schnell Richtung Süden, nach Isfahan und Schiraz auf. Die archäologischen Stätten in Persepolis und Naqsch-e Rostam, wohin sie später nochmals zurückkehren wird, sind für sie der Höhepunkt dieser zweiten Rundreise. Erschöpft kommt sie wieder in der Hauptstadt an.

Am 15. April 1934 begibt sich die Schriftstellerin erneut nach Gilan, diesmal auf der Rückreise nach Europa. Sie erreicht den Hafen von Anzali, wo sie sich nach Russland einschiffen will. »Der Nebel sinkt jetzt so dicht, dass man im Hafen die Schiffe nicht mehr erkennen kann, nur die auf- und abschwankenden Maste. An einem Mast hängt nass und schwer eine rote Fahne. Obwohl man ihn für einen Gespenster-Mast halten könnte, gehört er zu einem russischen Dampfer, und mein Billet lautet auf seinen Namen. Heute Nachmittag um vier Uhr fährt das Schiff nach Baku.« Im Hof des Gasthofs, in dem sie auf das Schiff wartet, trifft

Vorangehende Seiten:
Der Hafen von Anzali, in dem Schwarzenbach sich bei ihrer ersten Rückreise einschiffte.

Unten:
Schwarzenbach neben ihrem Grammophon auf einem Kelim sitzend. »Er ist gelb mit roten und schwarzen Mustern und wirkt heiter«, lautet ihre Beschreibung in *Das glückliche Tal*.

Rechte Seite:
Eine Straßenszene, die Schwarzenbach auf dem Weg nach Isfahan fotografierte. Diese Strecke fuhr sie mehrmals, um weiter nach Schiraz zu gelangen und in Persepolis Freunde zu besuchen.

sie auf einen Bekannten, einen dänischen Ingenieur, der sich Schanghai-Willy nennt. »›Ich reise ab‹, sagte ich, ›und werde nicht mehr zurückkommen.‹« Woraufhin die warnende Antwort kommt: »›Das sagen alle.‹«

Der zweite Aufenthalt

»Unser Garten war der Granatapfelgarten eines reichen Persers. Zwischen den kleinen Bäumen lagen unsere Scherbenbeete.«

In die Schweiz zurückgekehrt, überarbeitet sie ihre Aufzeichnungen zu dem Reisebericht *Winter in Vorderasien – Tagebuch einer Reise*. Der Band erscheint noch im selben Herbst im Züricher Rascher Verlag. Die Reaktionen darauf sind sehr verhalten und zwiespältig. Jenen, die einen Reiseführer mit historischen Erläuterungen und praktischen Hinweisen erwartet hatten, ist das Buch zu persönlich. Andere hingegen finden es zu wenig literarisch, vor allem jene Freunde, die selbst schriftstellerische Ambitionen haben.

Schwarzenbach hält das Versprechen, das sie Erich Schmidt gegeben hat, und macht sich Mitte September erneut zu einer Reise in den Iran auf – diesmal über Moskau, da sie zuvor Klaus Mann dorthin auf einen Schriftstellerkongress begleitet. Die Fahrt quer durch Russland bis zur persischen Grenze und die Reiseroute über Tabriz, die sie mit Ella Maillart später wiederholt, liefern den Stoff für zwei Reportagen. Während dieses zweiten, kurzen Aufenthalts in Persien trifft sie Claude Clarac wieder und ist nicht mehr grundsätzlich abgeneigt, seinen Heiratsantrag anzunehmen. Vor allem aber arbeitet sie an den archäologischen Ausgrabungsstätten in Rhages südlich von Teheran, einer der ältesten Städte auf iranischem Gebiet. Schon in der Bibel und im Avesta sowie in einer Reihe weiterer altüberlieferter Schriften findet die Stadt Erwähnung. Sie wurde um 3000 vor Christus gegründet und war unter den Achämeniden, den Griechen, den Sassaniden und den Parthen ein reiches Handelszentrum; erst von den Mongolen wurde sie im Jahr 1220 zerstört. Die Ausgrabungen auf den Ruinenfeldern förderten zahlreiche bedeutsame Relikte zutage, vor allem aber prächtige Töpferarbeiten aus der Zeit der Seleukiden.

Wie die anderen Mitarbeiter des Projekts, das im Auftrag amerikanischer Museen in Boston und Philadelphia durchgeführt wird, wohnt auch Annemarie Schwarzenbach unmittelbar neben dem Gelände. Das Gebäude liegt am Rande der Karawanenstraße, auf der in endlos langen Reihen die Kamele unterwegs sind. »Denn von Teheran nach Veramin führt eine der ältesten Karawanenstraßen Persiens, an Rhages vorüber, ja dicht vorbei an unserem Expeditionshaus, durch die Furt vor dem Tor und an unserer langen Gartenmauer entlang. Deshalb ist auch der Klang der Karawanenglocken deutlich in den langen Nächten von Rhages; sie gehören zu den deutlichsten Stimmen meiner Erinnerung. Sie schwingen an den Flanken der Kamele und dröhnen, oder sie bimmeln an ihren Hälsen. Fremd ist das, auch schon sehr fern, aber immer noch von gleicher Trauer.«

Trotz der melancholischen Stimmung, die sie angesichts der Mauerreste, Scherben und »Spuren der großen Zerstörung« in Rhages immer wieder befällt, scheint die Schriftstellerin der eher eintönigen Arbeit an dem Ausgrabungsort gerne nachzugehen. »Es war diesmal kein schlechtes Leben, wir arbeiteten viel, und unsere islamischen Töpfereien und chinesischen Scherben nahmen uns so sehr in Anspruch, dass die Karawanenglocken kaum unser Ohr erreichten.« Den Tagesablauf beschreibt Schwarzenbach folgender-

maßen: »Die Glocke läutete während der heißen Monate um vier Uhr, im Herbst um fünf Uhr. Die Dämmerung der Herbsttage war eine Fortsetzung der Nacht. Erstaunliche Lichtskalen gingen über den bleichen Himmel. Wir fuhren im Lastwagen auf das Grabungsfeld hinaus, wo unsere Arbeiter ihr Morgengebet gegen Osten verrichteten. Manchmal war es eisig kalt, aber um acht Uhr, wenn die Frühstücksglocke läutete, lag die Sonne schon vor dem Zelt, und während wir aßen, zogen wir die Lederwesten aus. Der Vormittag auf der Grabung war lang, der Tag kurz. Es wurde dunkel, während wir noch auf unsern Hockern saßen, Gegenstände ordneten, Katalognummern malten.«

Gartenansicht des Hauses, in dem Claude-Achille Clarac und Annemarie im Sommer 1935 wohnten. Damals lag die Villa – heute die Residenz des italienischen Botschafters – noch außerhalb der Stadt. Inzwischen befindet sie sich fast im »Zentrum« Teherans, so sehr ist die Millionenstadt in den letzten fünfzig Jahren gewachsen.

Dennoch verlässt ihre Angst sie in diesem endlos weiten Land nicht. Am Abend lässt Annemarie Schwarzenbach sich stets von einem Kollegen quer durch den Garten zu ihrem Zimmer begleiten, oder sie setzt sich neben einen von ihnen, um mit ihm die Haschischpfeife zu rauchen, weil sie hofft, so leichteren Schlaf zu finden. Eines der Kapitel von *Tod in Persien* ist mit der Überschrift *Dreimal in Persien* ... versehen, und dort schreibt sie: »Langsam erst gewann die Traumwelt über mich Gewalt, noch langsamer die Furcht. Und dann begann ich die tödliche Größe des Landes zu begreifen, das uns jeden Morgen mit seinen Schönheiten und seiner überirdischen Dämmerung entzückte.« Auch wenn man die Stimmung der Todesnähe, in welche sich die sensible Schriftstellerin allmählich versetzt sieht, in dieser Stärke nicht nachvollziehen kann, so ist doch ihre Beschreibung der ungewöhnlichen Macht, die das überwältigend große Land und sein Licht auf die Reisenden ausüben, durchaus zutreffend.

Als kurz vor Weihnachten die Arbeiten beendet sind, reist Schwarzenbach ein weiteres Mal nach Europa und in die Schweiz zurück. In Persien zu bleiben, das so unermesslich weit und groß ist, und ihre Freunde nicht wieder zu sehen, kann sie sich nicht vorstellen.

Bei ihrer Rückkehr stürzt sie der Pfeffermühle-Skandal um die Züricher Aufführung eines Kabaretts von Erika Mann, für die sie öffentlich in der Presse Stellung bezieht, in eine schwere existenzielle Krise. Der Vorfall belastet die ohnehin schon sehr schwierige Beziehung zu ihrer Mutter und hat schließlich eine deutliche Abkühlung ihrer Freundschaft zu Erika Mann zur Folge. Als Annemarie einige Monate später ihre Hochzeit ankündigt, gibt Erika hierzu in einem Brief an ihren Bruder Klaus einen äußerst lakonischen Kommentar ab: »Ja, A. schreibt, dass sie den jungen Legationsrat heiratet. Sie muss aber erst zuhause fragen, ob sie einen ›französischen Katholiken‹ nehmen darf, – schreibt sie wörtlich. Gut so.«

Ein einsames Leben

»Zuweilen in der Abenddämmerung, wenn die Bäume des Parks in den Salon der Gesandtschaft einzudringen schienen, ließ Christina zart ihre Finger über die Tasten des Flügels gleiten. Ihre Silhouette war im Zwielicht kaum zu erkennen, aber ich konnte etwas von der Ehrfurcht spüren, die sie erfüllte, als die Grazie der Musik Mozarts aus dem fernen Europa aus dem Zimmer schwebte, um die persische Nacht zu erfüllen.«

Im Januar begeht sie während eines Sanatoriumsaufenthalts einen ersten Selbstmordversuch. Um der allgegenwärtigen Furcht, die sie innerlich zerfrisst, zu entkommen, beschließt sie gegen den Willen ihrer Mutter, erneut nach Teheran aufzubrechen, um den französischen Diplomaten Claude Clarac zu heiraten. Mitte April 1935 trifft sich das Paar in Beirut. Mit einem wunderschönen Buick, einem Geschenk Claracs an seine Braut, startet das Paar zu einer Reise durch Kurdistan, bevor sie schließlich in Teheran eintreffen. Am 21. Mai 1935 findet in der französischen Botschaft die Hochzeit statt, und Schwarzenbach hat von nun an einen französischen

Pass. Auch viele ihrer Zeitungsartikel unterschreibt sie in jener Zeit mit dem Nachnamen ihres Mannes, oder sie benutzt einen Doppelnamen. Dennoch macht sie sich über ihr künftiges Eheleben wenig Illusionen, wie ein Brief an Klaus Mann vom 19. Mai 1935 belegt: »Siehst Du, jetzt erst realisiere ich es ganz, wie selten und fast unmöglich es ist, mit einem ›neuen‹ Menschen so zu leben, wie ich es mit Dir ohne jeden Zweifel und ohne Schwierigkeit und wie gern vermöchte. Ich sehe aber, dass Claude davon nichts ahnt und ich ihn also auch nicht leiden mache – ich bin froh darüber, nur muss ich mich manchmal wundern, dass er nicht darauf verfällt, dass ich vielleicht, weit von Erika entfernt, nicht eben sehr glücklich sein könnte?« Das Paar bezieht eine Villa in der Nähe von Teheran, und Annemarie Schwarzenbach lebt dort in der Regel zurückgezogen, inmitten eines alten, friedlichen Gartens. Ihre Rolle als Diplomatengattin legt ihr gesellschaftliche Verpflichtungen auf, die ihr wenig zusagen und die sie darum so weit als möglich einschränkt. Denn sie braucht Zeit für ihre literarischen Ambitionen. Im übrigen hat Claude Clarac vor der Hochzeit bestimmten Bedingungen der Ehe zugestimmt, wozu auch gehörte, dass das Schreiben für die junge Schweizerin an allererster Stelle rangiert. Eine zweite wichti-

In einem Brief an Klaus Mann vom 19. Mai 1935 gesteht Schwarzenbach, dass sie »zwar sehr einsam, aber in einem friedlichen Garten so ungestört leben« könne, wie sie wolle.

ge Forderung betraf die lesbischen Neigungen Schwarzenbachs, aus denen sie nie ein Geheimnis gemacht hatte. Die Ehe sollte sie darin nicht einengen. Doch trotz alledem empfinden die beiden Eheleute eine große Zärtlichkeit füreinander. Ein Gedicht von Claude Clarac, von dem heute noch eine Abschrift in der ehemaligen Villa des Paares in Teheran aufbewahrt wird, zeugt von der erstaunlichen Leidenschaftlichkeit, mit der er auch später noch an der rätselhaften Annemarie Schwarzenbach hing. Auch nach der Trennung wurde die Ehe nie aufgelöst.

Trotz des sehr unabhängigen Lebens, das die beiden Eheleute führen, empfinden sie große Zuneigung und Wertschätzung füreinander. Über Claude-Achille Clarac schreibt Schwarzenbach an Klaus Mann am 19. Mai

1935: »Er hat die Gabe, alles mit Gleichmut so hinzunehmen, wie es sich ergibt, d.h. er lebt ganz und gar in der Wirklichkeit und quält sich deshalb wenig um das Vorher oder Weitentfernte ...«

Die Schriftstellerin widmet sich in der Ruhe ihres Anwesens der Fertigstellung eines Novellenbandes mit dem Titel *Der Falkenkäfig*, dessen achtzehn Erzählungen von ihren Reisen inspiriert sind. Trotz ihrer Bemühungen und der Unterstützung durch Thomas Mann will später keiner der Verlage, an die sie sich wendet, das Manuskript veröffentlichen. Sie verbringt ihre Zeit mit Schreiben, spielt den Rest des Tages Klavier, geht Schwimmen oder unternimmt zu Pferde Ausflüge in die nähere Umgebung.

Trotz dieses Lebens im Elfenbeinturm nimmt sie sehr wohl politische Veränderungen um sich herum wahr. So berichtet sie nachdrücklich davon, dass Schah Pahlawi den Frauen verordnet habe, den Tschador abzulegen. Sie sollten sich auf den Straßen ohne Schleier zeigen. Es kam daraufhin zu Unruhen, vor allem in den heiligen Städten wie Maschhad, wo eine Revolte erzürnter Mullahs blutig niedergeschlagen wurde. Die einzigen, die sich dem neuen Gesetz schließlich beugten, ob sie wollten oder nicht, waren die Würdenträger des Hofes, Minister und Regierungsbeamte. »Man las in den Zeitungen, mit welchem Jubel die Bevölkerung die zivilisatorische Neuerung begrüßt habe, und Minister und Provinzgouverneure gaben Diners, bei denen die geladenen Gattinnen ohne Tschador erscheinen mussten: Am Eingang drängte sich die Menge, um das Schauspiel der ankommenden Droschken zu sehen, denen die tief beschämten und verwirrten Damen entstiegen.« Die religiös motivierte Revolutionsbewegung wurde mit den Jahren immer stärker. Schah Mohammed Reza Pahlawi, der seinem Vater während des Zweiten Weltkriegs auf den Thron gefolgt war, setzte dessen Kurs mit nicht weniger rüden Methoden fort. Mit allen Mitteln sollte die Modernisierung des Landes vorangetrieben werden. So wurde die Polizei angewiesen, den Frauen auf der Straße den Schleier vom Gesicht zu reißen. Wohin dies alles führte, ist hinlänglich bekannt.

Das ausgeglichene Leben zu Beginn ihrer Ehe, das Schwarzenbach innerlich und äußerlich zur Ruhe kommen lässt, ist nur von kurzer Dauer. Denn als es Sommer wird, setzt ihr die berüchtigte schwüle Hitze Teherans schwer zu. »In Teheran war die Hitze so groß, dass sie in den Mauern zu brüten schien wie in runden Backöfen und am Abend daraus hervordrang und die engen Gassen und die neuen, breiten, schattenlosen Straßen füllte, ohne dass ein Lufthauch von außen ein wenig Nachtkühle hereintrug. In den Gärten von Schemiran blieb es kühler. Verließ man sie, so wurde man von einem weißen, zitternden Licht gleichsam überfallen, die Gebirgswand des Tauschal erhob sich in hellgrauer Durchsichtigkeit, denn wie ein Schleier lag davor die Hitze, verschleiert war auch der viel zu weiße Himmel, und in weißen Dunst gehüllt die Ebene.« Fern von ihrer Familie und ihren Freunden, inmitten der Diplomatenzirkel in ihren Kontakten eingeschränkt, spürt sie wieder ihre innere Unruhe und Verlassenheit aufsteigen, die sie zu Drogen greifen lässt. Ihrem Mann gegenüber weiß sie diese Sucht zu verheimlichen, so dass er nicht alle Qualen ahnt, die sie mit sich aussteht. Als noch Anfälle von Malaria hinzukommen, wird die Situation für Schwarzenbach unerträglich.

Ihr einziger Trost wird eine junge Türkin, eine Diplomatentochter, die sie auf einem Empfang kennen lernt und die selbst sehr schwer erkrankt ist. Schwarzenbach verliebt sich in Jalé, von der sie mehrere Male in ihren Texten erzählt. Doch der Vater des Mädchens wacht misstrauisch über dieser Freundschaft und verbietet seiner Tochter den Umgang mit der Fremden. Um einen Skandal zu vermeiden und auch aus Sorge um ihre angeschlagene Gesundheit überredet Clarac seine Frau, Teheran eine Weile zu verlassen. Sie nimmt daher die Einladung zu einem Sommercamp an, das von der britischen Gesandtschaft in einem Hochtal zu Füßen des Damawand eingerichtet wird. Es findet im hoch gelegenen Lar-Tal statt, von der Bevölkerung auch das Glückliche Tal genannt. Dieser Aufenthalt, der zur Erholung gedacht war, führt Schwarzenbach in

Links:
Der prächtige Salon des Hauses, in dem das Paar in Teheran lebte. Lesend und schreibend verbrachte Annemarie Schwarzenbach in ihm ihre Tage. Auch die Einrichtung war zu ihren Zeiten ähnlich wie heute.

Unten:
Die Villen der privilegierten Europäer lagen zwar in den Bergen nördlich vor Teheran, doch selbst dort war die drückende Hitze zu spüren.

Rechte Seite:
Von Teheran aus in Richtung auf den Damawand ist die Landschaft noch weitgehend unberührt und bietet Gelegenheit zu Ausflügen und Wanderungen, beides beliebte Freizeitvergnügen der Iraner.

eine schwere existenzielle Krise und liefert ihr zugleich Material für zwei längere Erzählungen. Der erste Text, den sie darüber verfasst, trägt den Titel *Tod in Persien*, ist ursprünglich nicht zur Veröffentlichung gedacht und gibt in einem Konglomerat verschiedener Erzählformen das Leben im Camp, ihre eigene Einsamkeit, Erinnerungen an frühere Reisen, die Erfahrung der Drogensucht und ihre uneingestandene Liebe zu Jalé wieder. Später arbeitet sie diese Texte zu einem weiteren Roman mit dem Titel *Das glückliche Tal* um und bedient sich eines männlichen Erzählers, um ihre inneren Schrecknisse in Worte zu fassen, die in dem kargen Tal eine äußere Entsprechung finden. Ihr Stil ist in dieser zweiten Fassung lyrischer und weist ein schlüssiges Erzählgefüge auf.

Das Glückliche Tal

» … Aber jeden Morgen, wenn ich mein Zelt verlasse, bin ich erstaunt über die wieder geborene Schönheit dieses Tales.«

Es ist Ende Juli, als die Schriftstellerin in das Lar-Tal aufbricht, zusammen mit ihrem Ehemann und verschiedenen Freunden.

»Hinter uns lag die Straße, die durch die dumpfe Wüsten-Ebene von Teheran läuft, dann das erstarrte Hügelmeer hinan und auf und ab durch seine gelben Dünen bis zur Passhöhe, von wo sie sich jäh in erschreckenden Kurven fallen lässt in den Kessel von Rud-e Hen. Zwei Stunden im Auto, aber nun war alles weit entfernt, nun verschwand alles – vor uns ein neuer Tag!«
Da zu jenem Zeitpunkt noch keine Straße in diese abgelegene Gegend führt, muss die Gruppe von Abala an auf Maultiere umsteigen, um ihren Weg fortzusetzen. Es geht steil aufwärts, und die Sonne steht schon hoch am Himmel. Die ersten Kilometer sind noch von Nussbäumen und Weinstöcken gesäumt, dann jedoch wird der Boden felsig und kahl. Nach einer Rast in einem ersten Tal erklimmen die schon erschöpften Reisenden auf ihren Maultieren eine zweite Passhöhe und gelangen damit über die Baumgrenze. Die einzigen Lebewesen in dieser felsigen Landschaft sind ein paar Kamele. »Und plötzlich sehen wir dort Kamele, Fabeltieren ähnlich, mit gereckten Hälsen sonderbar parallel den schmalen Grasbändern entlang schreiten. Sie raufen Gras im Takt und heben die Langhälse wieder im Takt. Sie bleiben stehen und sind so groß und drohend über uns, dass wir fürchten, sie würden alsbald plump durch den Himmel auf uns niederfallen. Stattdessen traben sie abwärts, mit schwankenden Höckern, schlenkernden Beinen, und genau auf der Passhöhe begegnen wir uns.«
Hinter dem Pass aber taucht groß der Kegel des Damawand vor den Reitern auf, die Kuppe von ewigem Schnee bedeckt. Um zu seinem Fuße zu gelangen, müssen sie jedoch noch einen breiten Talgrund durchqueren, in dem Nomaden ihr Sommerlager aufgeschlagen haben. Erst mit Einbruch der Nacht erreichen sie das Höhencamp der britischen Gesandtschaft, dessen gepflegter Luxus in der wilden, unwegsamen Gegend umso erstaunlicher ist. »Die Zelte stehen in einer Reihe auf der Grasbank dicht am Flussufer. Sie kommen aus Indien und heißen ›Schweizer Hütten‹, sind doppelt gefertigt, ein Sonnendach ist über den kleineren, mit gelbem Stoff gefütterten Innenraum ausgespannt. Vor jedem Zelt entsteht so eine kleine Schattenterrasse, da sitzt man des Vormittags mit Büchern und Schreibzeug, und der Fluss gleitet schnell und friedlich an unseren Füßen vorbei talabwärts. Unten die stetige, glanzvolle Pyramide des Damawand. Auf beiden Talseiten das graue Felsgebirge, grau: so hell, dass es fast Silber ist – und darüber, südlich, fleckenlos und unerhört heiter, der dunkelblaue Himmel.«
Liest man diese idyllische Beschreibung, so fällt es schwer, zu glau-

ben, dass dieses Tal später schreckliche Ängste in der Schriftstellerin wachrufen und bis ins Unerträgliche steigern sollte. Die erhabene, menschenferne Natur des Ortes wird ihr zum quälenden Widerpart und zugleich peinigenden Spiegel ihrer eigenen verlorenen Seele.

Das Alltagsleben im Zeltlager ist einfach, aber wohl organisiert – und mit allem Luxus versehen, den die anspruchsvollen Bewohner ganz selbstverständlich voraussetzen. Dass um fünf Uhr nachmittags den Briten in aller Förmlichkeit der Tee serviert wird, gehört ebenso dazu wie die Badewannen aus Segeltuch, die abends von den Dienern mit heißem Wasser gefüllt und ausgiebig genutzt werden. Die Tage vergehen mit Schwimmen im Fluss, Ausritten und Angelpartien in Begleitung von Kerim, einem alten Perser. »Von ihm lerne ich, wo die Forellen spielen und wo sie sich verborgen halten, im klaren und stillen Wasser, unter den Sandbänken in dämmeriger Kühle.«

Wiederkehrende Angst

»Alle Wege, welche ich auch ging, welchen ich auch entging, endeten hier, in diesem Tal, das keinen Ausgang mehr hat und deshalb schon dem Ort des Todes ähnlich und den Feldern der Engel benachbart sein muss...«

Dennoch vermag dieses einfache, gesunde Leben in der Natur nur wenig gegen die Furcht, die in Annemarie Schwarzenbach plötzlich aufsteigt, von Tag zu Tag in ihrem Innern stärker wird und in der Einsamkeit der Landschaft ringsum ein übermächtiges Echo findet. »Was soll sich, seither, verändert haben? Man hebt langsam die Hand und ballt sie zur Faust. Unmöglich, die Faust zu ballen. Flau ist das, schal, und die entsetzlich ermattende Krankheit der Lustlosigkeit, schlimmer als Malariafieber, ist schon im Rücken, in den Knien, im Genick. Die Hände werden feucht, sprechen kostet zuviel Überwindung. Aufstehen und gehen! Schnelles Herzklopfen, und man geht dem Ufer entlang, schneller, um nicht der Versuchung zu erliegen, sich auf den Boden zu werfen und zu weinen vor Mattigkeit und Trostlosigkeit. Ach, man wird ja nicht weinen. Es ist ja viel, viel schlimmer. Man ist allein.« Die Depression, von der die Siebenundzwanzigjährige befallen wird, ist quälend, denn sie ahnt, dass auch eine Abreise keine Lösung bringt. Weder die Rückkehr nach Teheran noch eine Heimreise in die Schweiz, wo sie aufs Neue die unbewältigten familiären Spannungen, insbesondere mit ihrer Mutter, erwarten, bieten sich als Ausweg an. Sie spürt ver-

Entlang der alten Straße, die in das abgelegene Lar-Tal am Fuß des Damawand führt, werden die Dörfer immer seltener, und der Blick öffnet sich auf das felsige Hochgebirgspanorama.

zweifelt, dass sie nirgendwo jenen Frieden und jene Geborgenheit finden kann, die sie sich doch so sehnsüchtig erhofft. Das Glückliche Tal, in dem der Fluss, die frei laufenden Pferde und der dunkelblaue Himmel ein Bild der Hoffnung abgeben, verwandelt sich in das trostlose Tal, in dem die tristen Felsen, das Schweigen und die Menschenferne es noch schwieriger machen, überhaupt weiterleben zu wollen. Wie so häufig gesellt sich zu Schwarzenbachs Schwermut eine scharfe Klarsicht, die ihre seelische Lähmung nur noch vergrößert: »Habe ich Europa und meine Heimat nicht aus Gewissenhaftigkeit verlassen? Es ist jetzt zwei Jahre her; es galt dort, sich zu entscheiden und für etwas zu kämpfen, selbst wenn man den großen Zwiespalt, der die Völker zerreißt und die Menschen vergiftet, nicht gewählt hätte. Untätig zuzuschauen war gewissenlos – und ich ertrug es auch nicht. Noch viel weniger wollte ich kämpfen, mir kam die Rolle falsch vor, die man mir auferlegte. Ja, ich bin aus Gewissenhaftigkeit weggegangen, und viele haben mich um meine Freiheit und um meine Wahl beneidet. Aber hier verliert auch die Freiheit ihren Sinn. Ich will keinen Anspruch mehr auf meine Freiheit erheben, ich möchte nur zurückkehren, und ich kann nicht, ich kann nicht, und ich weiß es.«

Was Annemarie Schwarzenbach dieser depressiven Hoffnungslosigkeit entgegenzusetzen hat, ist allein das Schreiben, und so macht sie sich an die Niederschrift von *Tod in Persien*. Am Ende des Sommers kehrt sie wieder nach Teheran zurück und lernt dort die Amerikanerin Barbara Hamilton-Wright kennen, mit deren Hilfe sie über den Tod der jungen Türkin Jalé hinwegkommt. In ihrer Begleitung reist sie noch einmal nach Persepolis, wo sie einen befreundeten Archäologen wiedertrifft. Doch auf dem Ruinenfeld hat sich vieles verändert. Ernst Herzfeld, ein deutscher Professor, der die Grabungen lange Jahre leitete, war den braunen Machthabern in Berlin in dieser Position unerwünscht, da er Jude war und so emigrierte er mit vielen Überseekoffern und allen seinen Aufzeichnungen in die Vereinigten Staaten.

Die Grabungsstätte wird nun von jungen Amerikanern betrieben, die Schwarzenbach mehr wie Pfadfinder als wie fähige Wissenschaftler, die ein Projekt solchen Ranges fortführen könnten, vorkommen.

Während der Herbstmonate versucht sie noch, Klaus Mann zu einem Besuch in Persien zu bewegen. Der jedoch entschließt sich im allerletzten Moment, die geplante Reise abzusagen, und dies obwohl Schwarzenbach ihm schon die finanziellen Mittel hierfür zugesandt hatte. Zum Teil mögen wohl auch Einwände von Erika Mann ausschlaggebend gewesen sein. In seinem Tagebuch notiert er am 19. September 1935: »Anruf von E. (aus Mährisch-Ostrau) – die mir *dringend* abrät zu reisen. (Malaria in Teheran; nahender Krieg; Miros miserabler Zustand). Nun absolute Ungewissheit… Ich habe selbst ein mulmiges Gefühl …« Von der Absage des Freundes schwer enttäuscht, wendet sich Schwarzenbach umso inniger ihrer neuen Gefährtin zu.

Im Oktober verlässt sie Persien, um in die Schweiz zurückzukehren. Während der folgenden Jahre unternimmt sie rastlose Reisen quer durch Europa und die Vereinigten Staaten. Sie macht zahlreiche Bekanntschaften wie mit der amerikanischen Schriftstellerin Carson McCullers, erlebt leidenschaftliche, unglückliche Liebesgeschichten, wird dazwischen immer wieder von Depressionen heimgesucht oder begibt sich zu Entziehungskuren in verschiedene Kliniken. Die politische Situation in Europa verschärft sich unterdessen immer mehr, und Schwarzenbachs Unfähigkeit, sich von ihrer Familie loszusagen, deren extrem konservative Haltung in der offenen Sympathie für die Nationalsozialisten gipfelt, führen zum endgültigen Bruch mit Erika und Klaus Mann.

Eine ewige Anziehungskraft

»Und seither habe ich auf alle Arten in Persien zu leben versucht. Es ist mir nicht gelungen. (…) Zweimal bin ich abgereist, zweimal zurückgekehrt, als schuldete ich diesem Land Treue!«

Während eines Aufenthalts in der Schweiz lernt die Schriftstellerin die Journalistin Ella Maillart kennen, und zusammen planen die beiden Frauen eine Reise nach Afghanistan. Die Gründe für den erneuten Aufbruch werden von Schwarzenbach diesmal klarer als sonst benannt: »Ich bin jetzt dreißig. Es ist die letzte Chance, mich in die Hand zu bekommen. Diese Reise wird keine himmelhoch jauchzende Eskapade werden, als wären wir noch zwanzig – das ist

»Die Maultiere griffen mit ihren kleinen Hufen geduldig in das Geröll. Der Pass führte hoch hinauf, oben gab es Wind und rasche Wolken, und über der weit entfernten Ebene lösten sich die Wolken auf, und man sah nichts als das Meer von Himmel und armer Erde, die sich erstickten Atems umarmten.«
(Annemarie Schwarzenbach, *Tod in Persien*)

Folgende Doppelseite:
»Da ging am äußersten Rand der Ebene der Damawand auf. Winziges Dreieck im blauen Nachthimmel, makellos weiß, leuchtend(…).«
(Annemarie Schwarzenbach, *Das glückliche Tal*)

unmöglich, da die europäische Krise von Tag zu Tag zunimmt. Diese Reise muss uns endgültig auf die Beine bringen; wir können uns gegenseitig dazu verhelfen, vernünftige, verantwortungsbewusste Menschen zu werden. Mein blindes Herumtappen im Leben ist unerträglich geworden. Was ist der Grund, der Sinn dieses Chaos, das Menschen und ganze Völker vernichtet? Und ich muss doch etwas mit meinem Leben anfangen können, es muss doch etwas geben, wofür ich froh leben oder sterben möchte!« Doch leider ist ihre Hoffnung nur von kurzer Dauer. Schon in Sofia beginnt Schwarzenbach wieder Drogen zu nehmen, und Ella Maillart sieht ihre Zweifel an der Durchführbarkeit des gemeinsamen Unternehmens mehr und mehr bestätigt. Trotz einer großen Zuneigung zu ihrer Begleiterin steht Maillart Schwarzenbach mit zunehmendem Unverständnis gegenüber. Der Gestalt der Christina in ihrer Reiseerzählung *Flüchtige Idylle* hat sie die Züge von Annemarie Schwarzenbach gegeben. Die Gründe, warum Maillart einwilligte, mit der reichen Gefährtin eine Reise zu wagen, scheinen im Nachhinein betrachtet eher prosaischer Natur gewesen zu sein.

Im Juni 1939 brechen die beiden Frauen auf und durchqueren auf ihrer Reiseroute auch den Iran, wie Persien seit 1934 offiziell heißt. Für Schwarzenbach wird es der letzte Besuch in diesem Land sein. Von der Türkei aus gelangen die Reisenden über Aserbaidschan, Marand, Tabriz und Soltanie nach Teheran. Dort verbringen sie einige Tage, und Ella Maillart notiert dazu: »Drei verschiedene Häuser, drei verschiedene Lebensformen, drei Schwimmbassins (...) so ließe sich unser erzwungener Aufenthalt in Teheran zusammenfassen.« Schnell verabschieden sich die beiden Frauen vom Glanz dieses Gesellschaftslebens und fahren weiter in Richtung Kaspisches Meer, zu den grünen Hügeln des Mazanderan, die Schwarzenbach schon von ihrem Besuch vor einigen Jahre kennt. Danach folgen sie den Spuren von Robert Byron, dessen Reisetagebuch Ella Maillart gelesen hatte, und setzen ihre Fahrt über Gonbad-e Qabus, Schahrud und Maschhad bis zur afghanischen Grenze fort. Am 6. August erreichen sie Kabul. Schwarzenbach, die körperlich sehr geschwächt und erneut völlig den Drogen verfallen ist, bleibt dort zurück, und Maillart setzt alleine die Reise bis nach Neu Delhi fort. Erst im Januar 1940 folgt ihr die immer noch sehr

»Viele Täler, solche mit Namen, andere namenlos, münden mit ihren schaumigen Bächen hier ein – rückwärts verlieren sie sich in blauen Gebirgszügen.«
(Annemarie Schwarzenbach, *Tod in Persien*)

»Wir nennen dieses Tal manchmal ›Ende der Welt‹, weil es hoch über den Hochflächen der Welt liegt, weit von den begangenen Ebenenstraßen.«
(Annemarie Schwarzenbach, *Das glückliche Tal*)

»Wir, von unseren Zelten aus, beobachten das Treiben jenseits des Flusses. (…) Es kommen Esel und Reiter, manchmal Kamele. Karawanen, Nomaden, Soldaten.«
(Annemarie Schwarzenbach, *Tod in Persien*)

angegriffene Annemarie Schwarzenbach nach Indien und kehrt dann über Italien in die Schweiz zurück.
Während der beiden kurzen Jahre, die sie noch zu leben hat, ist Schwarzenbach ständig unterwegs und veröffentlicht eine Vielzahl von Reportagen über ihre Reisen, die sie von den Vereinigten Staaten über Portugal nach Afrika führen. Im Kongo versucht sie sich

»Unsere Zelte stehen auf einer Grasbank am Ufer des Lar-Flusses. Der Talboden liegt zweitausendfünfhundert Meter über Meer (…) – das klingt schon beträchtlich, aber in Wirklichkeit bedeutet es wenig; denn ringsum sehen wir Berge und Ketten, die unser Tal mächtig überragen.«
(Annemarie Schwarzenbach, *Das glückliche Tal*)

den freien französischen Streitkräften General de Gaulles anzuschließen, doch die verantwortlichen Führer der Résistance misstrauen der Schweizerin mit dem französischen Pass, deren Ehemann als französischer Diplomat in den Diensten des Vichy-Regimes steht. Im Mai 1942 fährt sie nach Marokko, um Claude Clarac zu besuchen, der inzwischen in Tetuan residiert. Es wird ihr letztes Treffen sein. Wenige Monate später, wieder zurück in der Schweiz, wo sie sich in ihr über alles geliebtes Oberengadin zurückgezogen hat, stirbt Annemarie Schwarzenbach in der Schweiz an den Folgen eines Fahrradunfalls. Er ereignet sich zwischen den Ortschaften Sils Maria und Sils Baselgia, dort, wo fünfzig Jahre zuvor Friedrich Nietzsche seine wichtigsten Schriften verfasst hatte.

Reiseinformationen

»Das Land dampfte, badete im Abendlicht. Und weithin Weiße, Schnee auf den Feldern, Hütten, Herden, Bäume, Wasser, weithin Hügel und immer neue Hügel, weithin atmende Erde – die Welt war mir wieder geschenkt. So betrat ich zum erstenmal Persien.«

Reisen in den Iran

Der Iran ist heute für Reisende weitaus zugänglicher, als dies noch vor zehn Jahren der Fall war. Reiseveranstalter bieten zahlreiche Rundreisen durch das Land an, bei denen die wichtigsten Sehenswürdigkeiten besucht werden. Es ist jedoch auch ohne weiteres möglich, als Individualtourist durch den Iran zu reisen – was nicht nur billiger kommt, sondern auch die Möglichkeit bietet, ganz privat dieses weite Land zu entdecken, die persische Gastfreundlichkeit eingeschlossen, die von ihrem traditionell guten Ruf nichts eingebüßt hat. Will man dieses Abenteuer wagen, so ist der einfachste Weg in den Iran per Flugzeug mit der Fluggesellschaft Iran Air, die auch bei der Visabeschaffung hilft (eine Zeitspanne von drei bis vier Wochen muss dafür jedoch eingeplant werden).

Es ist auch möglich, auf dem Landweg von einem der angrenzenden Länder in den Iran einzureisen. In einem solchen Fall werden die Visa jedoch als Transitvisum ausgestellt und gelten nur kurze Zeit, in der Regel für eine Dauer von zehn Tagen. Für einen längeren Aufenthalt muss eine zusätzliche Bescheinigung beantragt werden, deren Bewilligung zwei bis sieben Tage in Anspruch nimmt.

Informationen und Visa sind erhältlich bei:
Iranische Botschaft
Podbielskyallee 67
14195 Berlin
Tel.: 030/84 35 35 35-0,
Fax: 030/84 35 31 65

LINKE SEITE UND UNTEN: Vor zweitausend Jahren wurde die alte Festungsstadt Bam erbaut, die im Südosten des Landes liegt. Von ihren Mauern kann der Blick bis zu den Gebirgsketten am Rand der Wüste Lut schweifen.

Verkehrsmittel

Für Reisen innerhalb des Landes gelten keine Einschränkungen. Linienflüge verbinden alle wichtigen Städte des Landes miteinander. Das Straßennetz ist in gutem Zustand, in den dicht besiedelten Regionen finden sich auch Autobahnen. Die Fahrweise ist jedoch eher »sportlich«, was vor allem für die Lastwagenfahrer gilt. Sofern mit dem Reisebudget vereinbar, wird deshalb empfohlen, sich von einem der mit erprobten Fahrern besetzten Ferntaxis chauffieren zu lassen, die zwischen den Städten verkehren und deren Preise niedriger liegen als die Kosten für einen Mietwagen ohne Chauffeur. Auch zahlreiche Busverbindungen können genutzt werden, die deutlich billiger sind, in ihrem Reisekomfort allerdings stark schwanken. Diese Art zu reisen verhilft zu vielfältigen Begegnungen mit der einheimischen Bevölkerung, kann bei langen Strecken jedoch sehr ermüdend sein.

Übernachtung

Unterkünfte zu finden stellt in der Regel kein Problem dar. Hotels sind zahlreich vorhanden, entsprechen jedoch selten dem modernsten Standard. Für ausländische Gäste gelten Sondertarife, die das Fünf- bis Sechsfache der normalen Preise betragen, und es muss in Dollars gezahlt werden – beides Regelungen, die unmittelbar nach der Islamischen Revolution eingeführt wurden und bis heute gelten. Die einzige Möglichkeit, dies zu umgehen, ist die Übernachtung in privaten Hotels, deren Eigentümer häufig mit sich handeln lassen, was bei den übereifrigen Beamten der staatlichen Hotels nicht der Fall ist. Reservierungen sind nicht üblich, außer in Touristenstädten wie Isfahan, Schiraz, Maschhad oder auch in Teheran – und während der iranischen Feiertage. Wagemutige Reisende, die sich abseits der üblichen Touristenpfade durch den Iran bewegen, sind auf Unterkünfte bei Privatpersonen angewiesen, was sich jedoch nur dann empfiehlt, wenn man zumindest ein paar Kenntnisse in persischer Sprache hat.

OBEN:
Der Iran hat eine sehr vielfältige, raffiniert gewürzte Küche. Auf Wandmalereien des 18. Jahrhunderts finden sich die gleichen Tischsitten, die auch heute noch üblich sind. Alle Gerichte werden schon zu Beginn der Mahlzeit serviert.

Essen und Trinken

Was die kulinarischen Genüsse betrifft, hat der Iran unerwartete Reichtümer zu bieten. Die Gerichte sind sehr schmackhaft, werden meistens mit Reis als wichtigstem Bestandteil zubereitet, bevorzugen eine süß-saure Note und sind in der Regel mit zahlreichen frischen Kräutern gewürzt. Für Feinschmecker rangiert die iranische nach der französischen und der chinesischen Küche weltweit auf dem dritten Platz. Der Grund hierfür ist ihre Vielfalt und ihr fein abgestimmter Geschmack. Die Zubereitung der Speisen erfordert allerdings einige Zeit und ein gewisses Maß an Geschick und Erfahrung. Das mag auch der Grund dafür sein, dass sie in den Restaurants selten zu finden ist und dort fast ausnahmslos Grillgerichte serviert werden. Wer die typisch persische Küche kennen lernen will, sollte, wenn sich die Möglichkeit bietet, unbedingt die Einladung in eine Familie annehmen!

Reisesaison

In Persien herrscht großenteils Kontinentalklima, was bedeutet, dass die Winter ziemlich kalt und die Sommer sehr heiß sind. Herbst und Frühling sind daher die angenehmsten Reisezeiten, nur sollte man darauf achten, die Feiertage um Nou Ruz, das iranische Neujahrsfest Ende März, und die Tage der Prozessionen während des Moharram zu vermeiden, die das ganze Land lahm legen. Wer extreme Temperaturgegensätze liebt, kann sich im Sommer in den Norden begeben, wo eine feuchte Witterung vorherrscht, und im Winter die heißen, trockenen Gegenden am Persischen Golf besuchen, wo die Temperaturen selten unter zwanzig Grad Celsius sinken. Je nach Jahreszeit und besuchten Regionen ist es möglich, während eines einzigen Aufenthalts Sommerhitze, Regen und Schneestürme zu erleben, was zum einen durch die Größe des Landes, zum anderen durch die unterschiedlichen Klimazonen bedingt ist.

Einkaufen

Der Iran ist ein Land der Kaufleute und Händler – und des Feilschens und Handelns. Es ist nicht nur üblich, sondern gehört zum guten Ton und ist ein wichtiger Bestandteil der iranischen Alltagskultur. Der Händler, dem Sie eine Ware abkaufen, ohne über den Preis verhandelt zu haben, wird Sie gering schätzen und mit seinem Geschäft nicht zufrieden sein, auch wenn er mehr Geld verdient hat. Der Kaufakt ist immer auch eine willkommene Gelegenheit, Bekanntschaften zu schließen und Gespräche über beliebige Themen zu führen. Fast alle Preise sind Verhandlungssache, und in der gegenwärtigen, sehr schwierigen ökonomischen Situation ganz besonders. Die meisten Händler setzen die Preise, die sie von den Touristen verlangen, so hoch wie nur möglich an. Gelegenheiten für Souvenirs gibt es reichlich: von den berühmten Perserteppichen bis zu kostbaren Safranfäden reicht das Angebot, die vielen Erzeugnisse eines altüberlieferten und immer noch sehr lebendigen Kunsthandwerks nicht zu vergessen. Die alten Stücke sind häufig die schönsten, doch sind die Zollbestimmungen sehr streng, und als zu wertvoll eingeschätzte Antiquitäten werden bei der Ausfuhr häufig beschlagnahmt. Es ist deshalb ratsam, sich vor der Abreise genau zu informieren, um unangenehme Überraschungen zu vermeiden.

Die Kunst der Aufnahme

Zahlreiche alte Gebräuche spielen noch heute eine große Rolle, darunter das *pazira'i*, die Kunst der Aufnahme, die sich im Verlauf der Jahrhunderte zu einem diffizil ausgestalteten Gefüge entwickelt hat, das von allen beachtet wird. Ihr iranischer Gastgeber wird sich im Rahmen der ihm zur Verfügung stehenden Mittel stets bemühen, alle Ihre Wünsche zu erfüllen, und dabei ausgesuchte Höflichkeitsregeln befolgen. Die zahlreichen Tees, kleinen Gebäckstücke und Früchte, die dem Gast bei jedem privaten Besuch angeboten werden, sind auch dieser Sitte zuzurechnen. Denken Sie daran, ein Geschenk mitzubringen, falls Sie das Glück haben, von einer persischen Familie eingeladen zu werden. Hüten Sie sich aber auch vor Missverständnissen: Ein Taxifahrer beispielsweise, der auf Ihre Frage nach der Höhe des Fahrpreises zunächst ausweichend antwortet und von Geld nichts wissen will, betrachtet Sie nicht tatsächlich als seinen Gast. Das *pazira'i* ist hier nur eine Höflichkeitsfloskel, mit der das übliche Aushandeln des Preises eingeleitet wird.

Die Gesetze des Koran

Schließlich noch ein letzter wichtiger Hinweis, der unbedingt zu beachten ist: der Iran ist eine islamische Republik, in der das heilige Gesetz des Koran gilt. Frauen ist darum vorgeschrieben, den Schleier zu tragen, zumindest jedoch Mantel und Kopftuch, wobei auch Ausländerinnen hiervon nicht ausgenommen sind. Unverheirateten Paaren ist es in den Hotels nicht erlaubt, in einem Doppelzimmer zu übernachten. Nur zu weiblichen Verwandten ist Männern ein engerer Kontakt offiziell erlaubt. Alkohol, Pornografie und Drogen sind strengstens untersagt. Bei Zuwiderhandlung muss mit harten Strafen gerechnet werden. Auf diesbezügliche Angebote sollten Sie keinesfalls eingehen.

Itinéraires
Loti
Byron
Schwarzenbach
ARMÉNIE
AZERBAÏDJAN
AZ.
TURQUIE
TURKMÉNISTAN
IRAK
AFGHANISTAN
PAKISTAN
KOWEIT
BAHREIN
QATAR
ARABIE SAOUDITE
ÉMIRATS ARABES UNIS
OMAN
MER CASPIENNE
Golfe Persique
Golfe d'Oman
Barzargân
Djolfâh
Araxe
Orumieh
Tabriz
Ardebil
Âstârâ
Azerbaïdjan
Lac d'Orumieh
Marâqeh
Zarin-e Rud
Zandjân
Rasht
Bandar-e Anzali
Sefid Rud
Shâh Rud
Gilân
Qazvin
Elbourz
Kurdistan
Sanandadj
Téhéran
Damâvand
Semnân
Amol
Bâbol
Sâri
Bandar-e Torkman
Gorgân
Gonbad-e Kâvus
Mâzandarân
Atrak
Bodjourd
Shâhroud
Dâmqân
Nishâpour
Mashad
Qasr-e Chirin
Hamadân
Kermânshâh
Arâk
Qom
Kâshân
Désert du Dasht-e Kavir
Gonâbâd
Tabas
Ardestân
Khorramabâd
Karkheh
Dez
Zâyandeh Rud
Ispahan
Nâ'in
Rafsandjân
Sabzevar
Shahr-e Kord
Khorassân
Yazd
Birdjand
Désert du Lut
Dezfoul
Kâroun
MONTS ZAGROS
Ahvâz
Khouzistân
Mâroun
Yâsoudj
Zabol
Khorramsharhr
Âbâdân
Kermân
Mahân
Zâhedân
Kâzeroun
Persépolis
Shirâz
Sirdjân
Fars
Busher
Firouzâbâd
Lâr
Bandar Abbâs
Qeshm
Bandar Lengeh
Balouchistan
Irânshahr
Tchâh Bahâr
0
100
200 km

Von links nach rechts:
Detail eines Mosaiks der Blauen Moschee in Tabriz.

In Kandovan, einem Felsendorf in einem abgelegenen Gebirgstal, ist das Leben friedlich.

Kohle und Rohre für eine besondere Art von Wasserpfeifen in einem Teehaus in Buschehr.

Unten:
Innenhof des Palastes in Tabriz, der 1906 zum Schauplatz erregter politischer Debatten wurde, heute Haus der Verfassung.

Hinweis

Auf den folgenden Seiten finden sich die wichtigsten Angaben, um auf den Spuren von Pierre Loti, Robert Byron und Annemarie Schwarzenbach durch das Land zu reisen. Die Erläuterungen sind nach Regionen alphabetisch geordnet. Für alle weiteren touristischen Informationen, vor allem was die Öffnungszeiten betrifft, sei auf die Reiseführer in der Bibliografie S. 166 hingewiesen. Die Öffnungszeiten können im Übrigen je nach Jahreszeit unterschiedlich sein. Wenn Sie vor verschlossenen Sehenswürdigkeiten stehen, sollten Sie gerade in kleineren Städten nicht zögern, auf der Straße zu fragen, ob es nicht doch möglich ist, sie zu besichtigen – häufig lassen sich unverhofft Lösungen finden!

Die Provinzen Aserbaidschans

Aserbaidschan ist in eine östliche und eine westliche Provinz aufgeteilt. Die Bevölkerung ist zum größten Teil türkischer Abstammung. Es handelt sich um eine Gebirgsgegend mit sehr niedrigen Temperaturen im Winter.

Tabriz

Hauptstadt der Provinz mit bewegter Vergangenheit. Im 19. Jahrhundert siedelten sich dort die ersten Druckereibetriebe des Landes an, und Anfang des 20. Jahrhunderts nahm in der Stadt eine erste revolutionäre Bewegung ihren Anfang. Aufgrund ihrer Lage nahe der Grenzen zu Russland und der Türkei war sie im Lauf der Geschichte immer wieder feindlichen Belagerungen ausgesetzt und wurde mehrmals schwer verwüstet. Das letzte Mal geschah dies 1908 durch die Russen, die dabei auch bedeutende Baudenkmäler zerstörten. Einige der erhaltenen Gebäude sind für Reisende von Interesse, vor allem aber genießt die Stadt in kulinarischer Hinsicht einen besonderen Ruf. Wer des Persischen mächtig ist, kann durch die zahlreichen Buchhandlungen streifen.

Tourismusbüro
Baq-e Golestan,
Kutsche-ye Pascha
Tel.: 041-34 84 56, Fax: 041-81 89 07

Alter Basar

Entlang der Motahhari-Straße erstreckt sich der Alte Basar, der über prächtige alte Gewölbegänge und einen hinreißenden Teppichbasar verfügt. Auch wenn er als Handelsplatz an Bedeutung verloren hat, sind noch Reste der früheren Pracht zu erkennen. Eine Besonderheit sind die Stände der Händler mit den aserbaidschanischen Hüten, die nirgendwo sonst im Land zu finden sind.

Masdsched-e Kabud, (Die Blaue Mosche)

Nördlich der Imam Khomeini-Straße gelegen. An der Moschee wurden aufwendige Restaurierungsarbeiten durchgeführt, aufgrund derer es gelang, den herrlichen Kachelschmuck an seinem ursprünglichen Ort zu erhalten.

Arg-e Ali Schah (Burg von Schah Ali)

Nur ein monumentaler Backsteinbogen ist von dem riesigen Bauwerk aus dem 14. Jahrhundert noch erhalten. Die heute gebräuchliche Bezeichnung »Burg« ist irreführend, denn es handelt sich um einen Überrest der wahrscheinlich größten Moschee, die jemals in Persien errichtet wurde.

Haus der Verfassung

In der Nähe des großen Basars, an der Motahhari-Straße, ist das reizvolle Gebäude aus der Zeit der Kadscharen zu finden, in dem jene erregten politischen Debatten stattfanden, die schließlich zur konstitutionellen Revolution des Jahres 1906 führten.

Kandovan

Von Tabriz aus in Richtung Maraqe liegt in den Bergen ungefähr dreißig Kilometer entfernt dieses ungewöhnliche Höhlendorf. Die Behausungen sind in kegelförmige Felsen gehauen, mit denen das Tal übersät ist. Die Einwohner sind hauptsächlich Hirten und sammeln außerdem einen köstlichen wilden Honig ein, aus dem auch Salben hergestellt werden, die gegen Rheumatismus helfen sollen.

Maraqe

Die kleine Stadt war unter den Mongolen die Hauptstadt von Aserbaidschan und ist wegen ihrer Bauwerke aus der Epoche der Seldschuken von Interesse. Von Tabriz kommend führt die Straße durch die großartigen Landschaften rund um den riesigen Salzwassersee von Orumie.

Sternwarte

Im 13. Jahrhundert auf einer Anhöhe über der Stadt errichtet, von der aus

ein weiter Blick über alle umliegenden Berge und Täler möglich ist. Leider sind nur noch mit Kieselsteinen ausgelegte Grundrisse erhalten sowie die Reste des zentralen Beobachtungspunktes.

Gonbad-e Sorkh

Das Mausoleum aus rotem Ziegelstein ist angeblich das älteste Bauwerk der Stadt. Der quadratische Bau ist mit wunderbaren blauen Keramikkacheln ausgeschmückt und hat bemerkenswerte geometrische Gipsornamente aufzuweisen.

Gonbad-e Kabud

Ein achteckiges Mausoleum, das auf einem Sockel aus Naturstein errichtet ist und immer noch über schönen Fayenceschmuck und facettierte Gewölbe verfügt.

Bordsch-e Modavvar

Nur wenige Meter von Gonbad-e Kabud entfernt. Der runde Turm ist von einer raffinierten architektonischen Schlichtheit und ein frühes Zeugnis der später so reichen Keramikkunst Persiens.

Die Provinz Buschehr

Von Touristen wenig besucht, da abseits der üblichen Reiserouten gelegen, sind die Stadt und die Provinz Buschehr wegen der Schönheit des Persischen Golfs durchaus einen Besuch wert. Entlang der Küste mit Blick auf ein jadegrünes Meer gibt es viele Fischerdörfer zu entdecken, in denen noch die traditionellen Fischerkähne aus Holz gefertigt werden. Das Hinterland ist eine trockene, zerklüftete Wüstenlandschaft mit vielen kleinen Oasen, in denen bei Tee und frischen Datteln willkommene Rast gemacht werden kann.

Buschehr

Bandar-e Buschehr, heute eine friedliche und von ihrer Vergangenheit zehrende Stadt, war noch Anfang des 20. Jahrhunderts der einzige Hafen das Landes am Persischen Golf. Vor allem aus Indien und aus China landeten dort viele Waren an, die dann mit Karawanen ins Landesinnere weitertransportiert wurden. Die Briten richteten in Buschehr schon 1763 eine Gesandtschaft ein, knapp dreißig Jahre, nachdem Nader Schah Afschar, der damalige Herrscher, beschlossen hatte, das Fischerdorf in einen Hafen von nationaler Bedeutung umzuwandeln.

Die Stadt besitzt zahlreiche alte Häuser, von denen verschiedene inzwischen auf Weisung des Kulturministeriums renoviert werden und besichtigt werden können.

Tourismusbüro
Bolevard-e Imam,
Kutsche-ye Schahid Hemayati
Tel.: 0771-307 91,
Fax: 0771-307 85

Die Provinz Fars

Eine historisch sehr bedeutsame und für das Nationalgefühl der Iraner sehr wichtige Provinz, nach der das ganze Land den Namen Persien erhielt. Auch heute noch durchziehen zahlreiche Nomaden, die für ihre Teppiche weithin berühmt sind, auf Karawanenstraßen diesen Landstrich. Aus den frühen persischen Herrscherdynastien sind dort zahlreiche antike Bauwerke erhalten. Hauptstadt der Provinz ist Schiraz, das im 17. Jahrhundert von Herrscher Karim Khan-e Zand zum Regierungssitz des ganzen Reichs ernannt worden war.

Schiraz

Die Stadt der Rosen, der Dichter und der Teppiche ist nach Isfahan das zweitwichtigste touristische Reiseziel im Iran. Sie ist der Heimatort des berühmten Dichters Hafis, steckt voller historischer Sehenswürdigkeiten und ist für die Gastfreundschaft ihrer Bewohner bekannt, die offener und freundlicher sind als jene ihrer geschichtlichen Rivalin Isfahan.

Tourismusbüro
Khiaban-e Seyyed Dschamal od-Din Assad Abadi,
Tschaharrah-e Morel
Tel.: 071-335 05,
Fax: 071-334 080

Die Gärten

Nicht nur für ihre Rosen, sondern auch für ihre Gärten, die im Frühjahr ihren Duft verströmen, ist die Stadt berühmt. Sie bieten Gelegenheit zu einem Spaziergang oder zu einer ruhigen Mittagspause im Schatten. Die wichtigsten Gärten sind Baq-e Eram, Baq-e Khalili, Baq-e Golschan und Baq-e Delgoschah.

Von links nach rechts:
Haus in der alten Hafenstadt Buschehr am Persischen Golf. Innenhöfe und zahlreiche Flügeltüren sollten die Hitze erträglicher machen.

Hof der kleinen »rosenfarbenen Moschee« in Schiraz.

Orangerie inmitten eines prächtigen Gartens, ein Bau ganz im Stil der Kadscharen-Zeit des 19. Jahrhunderts.

Unten:
Reich verzierter Säulengang eines Hauses im Kadscharen-Stil.

Von links nach rechts: Persepolis, die Privatgemächer der achaimenidischen Herrscher.

Eingang zu einem der monumentalen Felsengräber von Naqsch-e Rostam.

Figurenrelief mit Schapur I., der den römischen Kaiser Valerianus besiegte.

Unten: Marktszene aus der Provinz Gilan.

Hafezie

Das Mausoleum des Hafis, das in den vierziger Jahren wiederaufgebaut wurde, ist als Gebäude nicht weiter bemerkenswert. Dennoch lohnt ein Besuch, allein schon um die Verehrung zu bemerken, die dem Meister der klassischen persischen Dichtkunst auch heute noch entgegengebracht wird. Ein traditionelles Teehaus, das in der Ummauerung des Gartens untergebracht ist, bietet Gelegenheit, in aller Ruhe einige Verse aus dem berühmten *divan* des Hafis zu lesen.

Sa'die

Auch an der Grabstätte des Sa'di wurden Renovierungsarbeiten vorgenommen. Sie liegt in einem großen Park im Nordosten der Stadt und wird ebenfalls von zahlreichen Pilgern besucht, die andächtig vor seinem Grab verweilen, um dem Dichter der göttlichen Liebe die Ehre zu erweisen.

Großer Basar

Mit seinen hohen Gewölben ist der alte Basar von Schiraz, der unter Karim Khan erbaut wurde, einer der schönsten des ganzen Landes. Von besonderem Reiz – und besonders gut erhalten – ist der so genannte Basar Wakil, in dem eine große Anzahl von Antiquitätenhändlern versammelt ist.

Wakil-Moschee

Der Bau wurde im Jahr 1773 fertig gestellt und besitzt lediglich zwei *iwans* statt der üblichen vier. Außerdem verfügt er über eine beeindruckende Gebetshalle für den Winter, die von achtundvierzig in sich gedrehten Säulen mit Akanthuskapitellen getragen wird.

Atiq-Moschee, auch Freitagsmoschee genannt

Die älteste und interessanteste unter den Moscheen der Stadt. Im Jahr 894 unserer Zeitrechnung wurde mit ihrem Bau begonnen. Unmittelbares Vorbild war die Ka'aba in Mekka. Vor allem die als Relief hervorgehobenen prächtigen Kalligraphien auf ihren Außenwänden machen sie unverwechselbar.

Masdsched-e No

Die aus dem 13. Jahrhundert stammende riesige Moschee besitzt große schattige und geschützte Innenhöfe, in denen der Aufenthalt im Sommer wie im Winter gleichermaßen angenehm ist.

Heiligtum von Schah Tscheraq

Die Stätte, ein spürbar religiöser Ort, beherbergt die sterblichen Überreste von Seyyed Amir Ahmad, dem Bruder des Imam Reza, der Schiraz in der zweiten Hälfte des 8. Jahrhunderts einen Besuch abstattete und dort verstarb. Das Bauwerk selbst ist alt und schlicht, das Grab aber, die prunkvollen Tore aus Silber und die üppigen Intarsienarbeiten aus Spiegelglas stammen aus dem 19. Jahrhundert.

Persepolis

Sechzig Kilometer von Schiraz entfernt befinden sich die berühmten Ruinenfelder von Persepolis, die mindestens einen Tagesbesuch wert sind. Da die unmittelbare Umgebung eine ziemlich verlassene Einöde ist, empfiehlt es sich, Proviant mitzunehmen. Die archäologische Stätte besteht aus mehreren Terrassen, die durch monumentale Treppen miteinander verbunden sind, darunter die Prunktreppe der Apadana, auf der die Abgesandten aller von Dareios besiegten Völker zu sehen sind, wie sie dem Herrscher prächtige Geschenke darbringen. In der Nähe der ehemaligen Schatzkammer ist ein Museum eingerichtet, in dem wertvolle Fundstücke der Ausgrabungen ausgestellt sind. Sie geben weitere Einblicke in die prunkvolle Epoche der Achämeniden.

Naqsch-e Rostam

Knapp zwanzig Kilometer von Persepolis entfernt liegt diese Stätte mit beeindruckenden Felsengräbern aus der Zeit der Achämeniden und Sassaniden. Die Portale sind in die steilen Felswände des Gebirges gehauen. Nur wenige Meter weiter sind zwei Feueraltäre des Zarathustra-Kultes erhalten, von deren Stelle aus die ganze Ebene überblickt werden kann.

Bischapur

Unweit der Straße, die von Schiraz nach Buschehr führt, sind entlang der Felswände einer schattigen Talschlucht Figurenreliefs zu bewundern, welche die Niederlage des römischen Kaisers Valerianus zum Thema haben, außerdem Reste der alten Grundmauern der Stadt und ihrer Befestigungsanlagen. Wenn Sie in entsprechender körperlicher Verfassung sind, können Sie auch den Hang hochklettern, um zur Höhle zu gelangen, in der eine monumentale Statue von Schapur I., dem zweiten König aus der Dynastie der Sassaniden, seit 1700 Jahren über die abgeschiedene Bergwelt wacht.

Die Provinz Gilan

Eine reiche und fruchtbare Provinz, die sich südlich des Kaspischen Meers erstreckt. Ihre grüne, hügelige Landschaft hebt sich deutlich vom Rest des Landes ab. Es gibt dort versteckte Täler und reizvolle Dörfer zu entdecken, die so manchen Ausflug wert sind – sei es mit dem Auto oder zu Fuß.

Rascht

Die Provinzhauptstadt wurde 1920 von den Bolschewiken zu großen Teilen zerstört und besitzt nur noch wenige bemerkenswerte Bauwerke. Vielfältige Gaumenfreuden verspricht jedoch der große Obst- und Gemüsebasar der Stadt, von dem aus das ganze Land beliefert wird. In den schmalen Straßen werden viele regionale Spezialitäten angeboten.

Tourismusbüro
Khiaban-e Sa'di
Tel.: 0231-2 51 76,
Fax: 0231-2 41 46

Masule

Rund sechzig Kilometer südöstlich von Rascht in den Bergen gelegen. Ein wunderschönes traditionelles Bergdorf mit terrassenartig übereinander gebauten Häusern, das durch den Film *Wo ist das Haus meines Freundes?* des iranischen Regisseurs Abbas Kiarostami berühmt wurde, der 1997 für einen anderen Film die Goldene Palme in Cannes gewann.

Bandar-e Anzali

Von der kleinen Hafenstadt aus schifften sich viele Reisende zurück nach Russland und in den Westen ein, so auch Pierre Loti und Annemarie Schwarzenbach. Im Sommer ist der Ort bei den Teheranern sehr beliebt, die dort ihre Ferientage verbringen. Die Stadt besitzt einen schönen Basar – und viele Fischrestaurants, die ihre fangfrischen Spezialitäten meistens gegrillt und mit in Essig eingelegtem Knoblauch servieren.

Lahidschan

Hauptstadt des Tees, von Hügeln voller Teesträucher umschlossen und von Reisfeldern umgeben. Die reizvolle Landschaft birgt noch einige weitere Überraschungen wie etwa das prächtige Mausoleum von Scheich Zahed, dessen facettierte Kuppel mit Fayencekacheln reich verziert ist.

Isfahan

Die traumhaft schöne, geschichtsträchtige Stadt ist der unbestrittene Höhepunkt einer Persienreise. Keine andere Stadt des Landes verfügt über eine so große Anzahl bedeutender Bauwerke oder hat einen ähnlich großen Ruhm erlangt wie der frühere Herrschersitz der Safawiden. Alle Sehenswürdigkeiten und Kostbarkeiten der Stadt aufzuzählen, ist hier nicht möglich, darum sollen nur die wichtigsten genannt werden. Möge jeder Reisende seine eigenen Entdeckungen machen!

Tourismusbüro
Khiaban-e Abuzar,
Kutsche-ye Arschad
Tel.: 031-629 100, Fax: 031-629 099

Naqsch-e Dschahan

Der historische Mittelpunkt der Stadt, der berühmte Platz Naqsch-e Dschahan, wurde 1612 auf Anordnung von Schah Abbas angelegt. Er wird von Arkadengängen mit zahlreichen Geschäften begrenzt, die Gassen des Basars zweigen von ihm ab, und auch mehrere bedeutende Bauwerke sind auf ihm zu finden. Mit seinen 80 000 Quadratmetern Fläche war er groß genug, dass die persischen Adeligen auf ihm Polo spielen konnten, eine Mannschaftssportart, die in Persien erfunden und später in Indien weiterentwickelt wurde. Die an beiden Enden des Platzes aufgestellten Säulenpaare aus weißem Marmor sind die ehemaligen Torpfosten.

Palast des Ali Qapu

Ursprünglich als Pavillon geplant, von dem aus der Herrscher die Aussicht auf den Platz und die ausgedehnten Gartenanlagen genießen wollte, die sich zu jener Zeit dahinter erstreckten. Die schlanken, hohen Säulen verleihen ihm eine unvergleichliche Anmut und Leichtigkeit. Im fünften Geschoss des Palastes befinden sich die berühmten Gipsnischen in den Wänden des Gewölbes, welche die Form von verschiedenen Flaschen und Gefäßen haben.

Moschee des Imam, früher Moschee des Schah

Die Moschee, die 1638 vollendet wurde und durch ihr prächtiges Portal sofort ins Auge fällt, stellt einen der Höhepunkte islamischer Architektur dar, nicht nur wegen ihrer Größe und ihrer bautechnischen Neuerungen, sondern auch wegen ihres überreichen Ornamentschmucks. Die Kuppel

Von links nach rechts:
Blick in das Kuppelgewölbe der Vank-Kirche in Dscholfa, dem armenischen Viertel von Isfahan. Engelsköpfe in byzantinischer Tradition werden umrahmt von floralen Ornamenten persischer Herkunft.

Zu Füßen der Säulen des Tschehel Sotun-Palastes in Isfahan.

Detail der prächtigen Stuckverzierungen des *mihrab* an der Freitagsmoschee in Isfahan.

Unten:
Palast mit Aussicht: der Belvedere des Ali Qapu am Naqsch-e Dschahan-Platz.

Von links nach rechts:
Pol-e Khadschu in Isfahan, eine der beiden Brücken, die von Schah Abbas im 17. Jahrhundert über den Fluss Zayande gebaut wurde.

Blick auf den weitläufigen Naqsch-e Dschahan-Platz in Isfahan.

Eines der mit Fresken bemalten Gewölbe des Basars in Kerman.

Unten:
Die Moschee des Sheikh Lotfollah in Isfahan, die sich Schah Abbas für sein persönliches Gebet errichten ließ.

besitzt eine sehr ausgeklügelte Akustik: zwischen der Außen- und der Innenmauer ist ein Zwischenraum gelassen, wodurch für die Gebete der Mullahs ein perfekter Klangraum geschaffen wurde.

Moschee des Scheich Lotfollah

Sie ist kleiner als die Moschee des Imam, dafür mit Mosaiken geschmückt, die zu den schönsten des Iran zählen. Trotz der mächtigen Mauern, auf denen ihre Kuppel ruht, wirkt sie aufgrund des natürlichen Lichts, das durch die hohen Öffnungen ins Innere strömt, und durch die Raffinesse ihres Dekors zart und anmutig.

Basar

Hinter den spitzbögigen Arkaden versteckt, die den Platz umrahmen, befindet sich der Basar von Isfahan, dessen Straßen alle von Gewölben überdacht sind. Kein anderer Basar des Landes kann mit seiner Pracht mithalten. Auf fünf Kilometer beläuft sich insgesamt die Länge seiner zahlreichen Gassen, womit er einer der größten Basare des gesamten Mittleren Orients ist. So gut wie alle traditionellen persischen Handwerkskünste sind hier vertreten, insbesondere Kupfer- und Silberschmiede, Weber, Stoffdrucker und Emailkünstler.

Tschehel Sotun (Palast der Vierzig Säulen)

Der Palast, dessen schlanke Holzsäulen von achämenidischen Bauten beeinflusst sind, ist an der Tschahar Baq-Allee gelegen, wenige hundert Meter von dem Hauptplatz der Stadt entfernt. Beeindruckende Fresken sind in ihm zu besichtigen sowie eine gänzlich mit Glasintarsien geschmückte Eingangshalle. Im 17. Jahrhundert gehörte er zu einer ganzen Abfolge königlicher Paläste und war für Empfänge errichtet worden.

Hascht Behescht (Palast der Acht Paradiese)

Die Tschahar Baq-Allee war einst von prächtigen Palästen gesäumt, die jedoch bei der Eroberung der Stadt durch die Afghanen alle verwüstet und zerstört wurden. Nur wenige Überreste sind noch vorhanden, zu denen dieses kleine, auf einem achteckigen Grundriss errichtete Gebäude gehört. Mit seinen herrlichen Mosaiken voller Tierabbildungen, seinen Marmorböden und den facettierten, mit Stalaktiten behängten Gewölben vermittelt es eine Ahnung von der Eleganz und dem Luxus des Hoflebens im 18. Jahrhundert.

Madrase-ye Madar-e Schah (Schule der Mutter des Schah)

Anfang des 18. Jahrhunderts erbaute theologische Schule, die von der Mutter des letzten Safawiden-Herrschers Soltan Hossein gegründet wurde. Das Gebäude, das bis heute seine Bestimmung erfüllt, verfügt über einen auffallend reichen Fayenceschmuck. Diese Besonderheit ist vielleicht mit der ungewöhnlichen Art der Finanzierung des Baus zu erklären. Denn die Mutter des Schahs ließ der Schule eine Karawanserei angliedern – heute das vornehme Hotel Abbasi –, deren Einkünfte den Bau und den Unterhalt der Schule ermöglichen sollten.

Pol-e Khadschu

Eine Brücke von 132 Meter Länge mit einer doppelten, spitzbogigen Arkadenreihe, die zweigeschossig über den Fluss Zayande führt. Ein Teil der Gewölbe ist mit Keramikkacheln verziert, die beiden kleinen Pavillons in der Mitte sind prächtig ausgeschmückt. Sie wurde auch gebaut, um den Fluss bei Bedarf zu einem künstlichen See zu stauen und so die Gärten der Fürstenpaläste zu bewässern. Dieses Bewässerungssystem wird bis heute genutzt.

Si-o-Se Pol

Mit ihren 33 Bögen überspannt die zweite prächtige alte Brücke der Stadt den Zayande auf einer Länge von 300 Metern. Sie verbindet das Zentrum der Stadt mit den Vierteln der Armenier, die sich am anderen Flussufer befinden.

Dscholfa

In dem ruhigen Viertel leben die Nachfahren der kunstfertigen armenischen Handwerker, die einst von Schah Abbas nach Isfahan geholt wurden. Als Zeichen seiner Wertschätzung verlieh er ihnen einen Sonderstatus und erlaubte ihnen, christliche Kirchen zu erbauen. Hinter hohen Mauern versteckt, bergen diese so manchen reichen Wandschmuck und verschmelzen byzantinische mit islamischen Einflüssen.

Masdsched-e Dschomeh (Freitagsmoschee)

Eine der ältesten und beeindruckendsten Moscheen des ganzen Landes. Sie wurde größtenteils im 11. und 12. Jahrhundert errichtet, mit einigen Ergän-

zungen späterer Jahrhunderte. Ihr riesiger Innenhof aus Marmor ist 76 Meter lang und 65 Meter breit. Weitere kostbare Sehenswürdigkeiten sind ein Saal aus der Zeit der Timuriden, dessen Fensteröffnungen mit durchscheinendem Alabaster verkleidet sind und der mit seinem niedrig gehängten Deckengewölbe an ein Nomadenzelt erinnert, sowie ein *mihrab* aus Stuck, der aus kunstvoll ineinander verschlungenen Kalligrafien gearbeitet ist und eine Widmung an den Herrscher Oldschaitu trägt.

Kerman

Hauptstadt einer der größten Provinzen des Iran, am Rand der unerträglich heißen Wüste Lut gelegen. Ein ruhiges Städtchen, das für den Anbau von Pistazien, Kümmel und anderen Gewürzen berühmt ist, deren Gerüche den alten, offenen Bazar mit seinen malerischen Straßen durchströmen.

Tourismusbüro
Tschaharrah Somaye
Tel.: 0341-26 77 96, Fax: 0341-22 50 98

Basar Wakil

In einzelnen Abschnitten noch aus dem 17. Jahrhundert stammender, aus Ziegelstein gemauerter Basar, in dem mit zahlreichen Gewürzen gehandelt wird. Seine Hauptstraße mündet auf einen kleinen Platz, an dem auch die Bäder sowie die theologische Schule Ebrahim Khan liegen.

Freitagsmoschee

Im 14. Jahrhundert errichteter Bau, in dem prächtige Mosaiken erhalten sind, deren blaue Farbabstufungen fast unmerklich ineinander übergehen.

Gonbad-e Dschabalie

Merkwürdiger Steinbau am Stadtrand, der angeblich aus dem 2. Jahrhundert vor Christus stammt und wohl ursprünglich eine Tempelstätte des Zarathustra war.

Bäder Gandsch-e Ali Khan und Ebrahim Khan

Das erst genannte Bad, dessen Räume sehr gut erhalten und mit wunderschönen Keramikkacheln geschmückt sind, wurde in ein Museum umgewandelt. Das zweite, weniger bekannte Bad ist noch in Gebrauch. An seinen Wänden sind fein gemalte Fresken mit erstaunlichen Motiven erhalten.

Mahan

Ungefähr dreißig Kilometer südlich von Kerman. Ein idyllischer, abgeschiedener Ort, in dem sich das Heiligtum des Sufi Nematollah befindet. Vor der Ortschaft liegt der Garten Baq-e Tarikhi, der mit seinen Springbrunnen und seinen Pavillons aus der Kadscharen-Zeit zu einer erholsamen Rast einlädt.

Bam

Weitere 150 Kilometer in Richtung Belutschistan, der Provinz an der Grenze zu Pakistan, befinden sich die Überreste der alten Stadt Bam, die ganz aus gestampftem rotem Lehm von der Wüste Dascht-e Kawir erbaut war. Sie wurde vor 2000 Jahren gegründet und war noch bis Mitte des 19. Jahrhunderts bewohnt. Das einfache Baumaterial ermöglichte es den Einwohnern je nach Bedarf Ausbesserungen vorzunehmen, ohne den Baustil zu verändern. Einige Kilometer entfernt wurde das moderne Bam errichtet, das keine Sehenswürdigkeiten zu bieten hat, doch werden dort die köstlichen frischen Datteln feilgeboten, für die die Region berühmt ist.

Maschhad

Hauptstadt des Khorasan, einer trockenen, heißen und kargen Region, in der die Landschaft gebirgig und eintönig ist. Auch ein Teil der berühmten Wüsten Kawir und Lut gehört zu der Provinz. Maschhad ist der Einwohnerzahl nach die zweitgrößte Stadt des Iran und birgt die wichtigste Pilgerstätte des Landes, das Heiligtum des Imam Reza. Unzählige Pilger aus dem Iran selbst und aus den Nachbarländern strömen dorthin.

Tourismusbüro
Khiaban-e Enqelab-e Eslami,
Kutsche-ye Erschad
Tel.: 051-4 81 11,
Fax: 051-4 82 88

Heiligtum des Imam Reza

Dieser heilige Ort, der in einem abgegrenzten Bezirk im Zentrum der Stadt liegt, ist es wert, dafür alle bürokratischen Beschwernisse und Vorschriften auf sich zu nehmen, die Nicht-Muslimen für einen Besuch auferlegt werden. Die verschiedenen Gebäudeteile, durch ein verwirrendes System von Gängen miteinander verbunden, sind mit prächtigen Fayencen und anderem Zierrat geschmückt und werden alle Architekturliebhaber begeistern. Wer

Von links nach rechts:
Innenansicht der mit Stuck reich verzierten Kuppel des Gandsch-e Ali Khan-Bads in Kerman.

Blick von der Festung auf die alte Wüstenstadt Bam.

Pilgerinnen verlassen den Haupthof des Heiligtums von Imam Reza in Maschhad.

Unten:
Pilger vor dem Grab des Imam Reza in Maschhad.

Von links nach rechts: Ruinen des Parthertempels in Kangavar, dahinter die kargen Berge Kurdistans.

Alter Friedhof mit Heiligtum in einem der hoch gelegenen Gebirgstäler des Mazanderan, unterhalb von Behschahr.

Marktszene in der Kleinstadt Gorgan.

Unten: Ein Raum des Tekkieh Moharram in Kermanschah, heute Museum der Stadt.

dafür weniger Sinn hat, kann sich auf einem der zahlreichen, über den weißen Marmor gelegten Teppiche niederlassen und über den Lauf der Zeiten meditieren.

Grüne Moschee

Eines der wenigen bedeutenden Bauwerke der Stadt außerhalb des Heiligtums. Die Moschee wurde im 17. Jahrhundert auf Weisung von Schah Abbas dem Großen erbaut und besitzt eine auffallende grüne Kuppel.

Mausoleum des Khadsche Rabi'

Ursprünglich in einem herrlichen Park gelegen, wirkt die kleine Grabstätte in dem großen Hof, der sie heute umgibt, wie verloren. Die Ruhe des Ortes steht in einem wohltuenden Gegensatz zu dem Gewimmel von Pilgern am Grab des Imam Reza.

Die kurdischen Provinzen

Die als wild und unbeugsam bekannten Kurdenstämme, welche die beiden Provinzen bevölkern, haben ihre eigene, vielgestaltige kulturelle Identität bewahrt, die es wert ist, entdeckt zu werden.

Kermanschah

Ein friedlicher Marktflecken, in dem es nur wenige Sehenswürdigkeiten gibt, dafür aber eine ganz besondere, althergebrachte Handwerkskunst zu bestaunen ist: die Herstellung von *give*, sehr beliebten, äußerst widerstandsfähigen Schuhen aus geflochtener Baumwolle.

Tourismusbüro
Bolvar-e Schahid Beheschti
Tel.: 0831-5 37 74,
Fax: 0831-5 75 88

Tekkie-ye Moharram

Das Gebäude, das für rituelle Feiern zum Gedenken an den Tod des Imam Hossein errichtet wurde, enthält eine große Anzahl von Fayencemalereien in realistischer Manier, auf denen bedeutende iranische Persönlichkeiten des 19. und 20. Jahrhunderts abgebildet sind. Manche der Porträts sind deutlich erkennbar nach Fotografien angefertigt.

Taq-e Bostan

Von einem Garten umgeben ist am Stadtrand eine Stätte aus der Zeit der Sassaniden erhalten. Auf einer Reihe prächtiger Figurenreliefs sind Jagd- und Krönungsszenen dargestellt.

Bisotun

Die Reliefplatten aus der Zeit der Achämeniden beinhalten Texte, die zu den wichtigsten überlieferten Schriftzeugnissen des alten Persien zählen. Es wird geraten, die Stätte am Morgen aufzusuchen, um sie im Sonnenlicht zu besichtigen. Sie liegt etwa dreißig Kilometer von der Stadt entfernt.

Kangavar

Auf halbem Weg zwischen Kermanschah und Hamedan gelegen. In der kleinen Stadt sind die Überreste eines Tempels zu finden, der Anahita, einer Göttin der Parther geweiht war. Sein Baustil ist eine Mischung aus persischen und griechischen Einflüssen, wie sie für die Epoche jener Herrscherdynastie typisch war, die von 247 v. Chr. bis 224 n. Chr. regierte.

Hamedan

In der Stadt lebte um das Jahr 1000 der Mediziner und Philosoph Avicenna, worauf die Bewohner heute noch stolz sind. Außerdem ist sie auf den Grundmauern des alten Ekbatana errichtet, von dem außerhalb der heutigen Bebauung inzwischen vereinzelte Grundrisse freigelegt werden.

Tourismusbüro
Bolvar-e Khadsche Rabi'
Tel.: 081-322 77, Fax: 081-393 75

Gonbad-e Alavian

Der quadratische Bau des Mausoleums, das von Robert Byron so begeistert beschrieben wurde, liegt heute im Hof einer Mädchenschule. Der Schulleiter ist jedoch verständnisvoll und lässt Reisende das Bauwerk gerne besichtigen, sofern sie den Schulbetrieb nicht zu sehr stören.

Umgebung

Rund um Hamedan bieten sich viele lohnende Ausflüge an, vor allem in die Täler von Abbas Abad und Morad Beg. Wenn die Zeit nicht drängt, empfiehlt sich auch ein Aufenthalt in der traditionsreichen Stadt Sanandadsch,

der Hauptstadt der Provinz Kurdistan, wo das Jahr über immer wieder Derwische aus dem ganzen Land zu Treffen zusammenströmen. Aber mehr noch als die Städte ist es die Landschaft mit ihren hohen Bergen, sind es die Dörfer und ihre Bewohner, die den Reiz Kurdistans ausmachen. Allerdings braucht es für die Erkundungen viel Zeit und ein robustes, verlässliches Auto.

Die Provinz Mazanderan

Wie die Nachbarprovinz Gilan an die Ufer des Kaspischen Meers angrenzend. Sie erstreckt sich jedoch weiter ins Land und ist landschaftlich wilder. Ihr Wald wird seiner persischen Bezeichnung *dschangal*, wörtlich Dschungel, mehr als gerecht.

Sari

Hauptstadt von Mazanderan. Früher für ihre Seidenstoffe berühmt, hat sie inzwischen jeden besonderen Glanz verloren. Abgesehen von einigen kleinen Mausoleen, wie dasjenige des Soltan Zain ol-Abedin, hat sie nichts Sehenswertes zu bieten.

Tourismusbüro
Khiaban-e Imam Khomeini
Tel.: 0151-2 20 27, Fax: 0151-2 43 84

Behschahr

Östlich von Sari gelegene Kleinstadt, die zur Küste hin von Reisfeldern und zum Landesinnern hin von dicht bewaldeten Bergen umgeben ist. Schmale Straßen führen in die Bergtäler hinein. Ein Genuss für jeden Naturfreund.

Gorgan

Ein willkommener Zwischenhalt auf der Straße nach Turkmenistan. In der Stadt sind noch mehrere alte Häuser in der traditionellen Bauweise von Mazanderan, aus Holz und Lehm, zu finden. Manche Holzdecken sind mit auffälligen Kalligrafien versehen, welche die bösen Geister vertreiben sollen.

Turm von Gonbad-e Qabus

Im 11. Jahrhundert als Grabmal eines Herrschers erbaut, wirkt der zylindrische Bau aus lehmfarbenen Ziegelsteinen in seiner Schlichtheit und seinen klaren, geraden Linien verblüffend modern. Die um ihn errichtete Stadt ist die letzte bedeutendere Station vor der großen Steppe, die sich zu Zentralasien hin öffnet. Wer das Abenteuer sucht und sich weiter wagt, kann dort auf turkmenische Nomaden treffen, deren ganzer Stolz ihre Pferde und der Schmuck ihrer Frauen sind.

Amol und Babol

Zwei westlich von Sari gelegene Kleinstädte, in denen das Leben noch einen geruhsamen Gang geht. Ihre Basare und Märkte quellen über von frischen regionalen Köstlichkeiten. Einige Mausoleen, die sich versteckt in kleinen Straßen befinden, lohnen ebenfalls den Besuch.

Ramsar

Die Stadt ist stolz darauf, das älteste Hotel des Iran vorweisen zu können, das Hotel Qadim. In den vierziger Jahren unter den Pahlawi erbaut, erinnert sein Stil an Luxushotels der Riviera. Von den Balkons bietet sich ein großartiger Blick auf das Kaspische Meer. Ganz in der Nähe liegen öffentlich zugängliche Thermalquellen.

Die Provinz Semnan

Die Landschaft der Provinz kündigt schon die heißen, trockenen Ebenen des benachbarten Khorasan und die Stille der Wüste an.

Semnan

An der Straße nach Maschhad gelegene Provinzhauptstadt, deren Baudenkmäler auf dem Weg zur heiligen Stadt einen kurzen Besuch wert sind. Ein eigener Ausflug von Teheran aus lohnt sich aber nicht.

Tourismusbüro
Meidan-e Sa'di,
Bolvar-e Hivdahom-e Schahrivar
Tel.: 02231-2 22 51,
Fax: 02231-2 88 69

Freitagsmoschee

Die Moschee aus dem 12. Jahrhundert ist das wichtigste Bauwerk der Stadt. An der Außenwand ist ein sehr schöner, umlaufender Fries zu besichtigen, außerdem ein *mihrab* aus reich verziertem Stuck, der aus dem 15. Jahrhundert stammt.

Von links nach rechts:
Turkmenischer Hirte vor seiner traditionellen Hütte in der Umgebung von Kavus.

Das luxuriöse Hotel Qadim in Ramsar mit Blick auf das Kaspische Meer.

Die wuchtigen Gewölbe des Tarikkhaneh in Damqan.

Unten:
Mausoleum des Bayazid-e Bastami in dem kleinen Dorf Bastam.

Von links nach rechts: Backsteinturm der Grabstätte von Bayazid-e Bastami in dem Dorf Bastam.

Straße des Basars in Teheran, der vor allem am Vormittag sehr belebt ist.

Kuppel der Vaqt o Sahat-Moschee, auch Heiligtum des Seyed Rokhn od-Din genannt.

Unten: Einfahrt nach Teheran.

Moschee des Sultans

Im 19. Jahrhundert unter Schah Fath Ali erbaut und ein beeindruckendes Beispiel des zarten und anmutigen Stils der Kadscharen.

Damqan

Schon unter Alexander dem Großen eine bedeutende Stadt, danach unter den Parthern Hauptstadt des persischen Reichs. Trotz der Verwüstungen, die im 13. Jahrhundert durch die Mongolen und im 18. Jahrhundert durch die Afghanen angerichtet wurden, sind dort immer noch beeindruckende Bauwerke zu besichtigen.

Tarikhane

Auf den Resten eines zoroastrischen Tempels erbaute Moschee aus dem 8. Jahrhundert, die das älteste islamische Gebäude des Iran ist. Die wuchtigen Säulen und niedrigen Gewölbe verraten sassanidischen Einfluss, während das Minarett im Stil der Seldschuken erbaut ist.

Pir-e Alamdar

Ein kleines, rundes Mausoleum, das aus der ersten Hälfte des 11. Jahrhundert stammt. Ein prächtiger, strahlend blauer Rundfries schmückt das Innere des Gebäudes.

Tschehel Dokhtaran (Vierzig Töchter)

Mausoleum aus der Zeit der Seldschuken mit auffallend schönen Ziegelornamenten und einer Zwiebelkuppel. Sein Name rührt von einem volkstümlichen Aberglauben her, der besagt, dass die Zahl Vierzig Glück bringt.

Bastam

In der Nähe der Stadt Schahrud gelegenes Dorf, das eine prachtvolle Moschee im Seldschuken-Stil besitzt sowie ein Heiligtum aus mehreren Gebäuden, deren kegelförmige Dächer mit leuchtenden blauen Fayencekacheln geschmückt sind.

Teheran

Für die meisten Touristen eine Enttäuschung, da die Hauptstadt des Iran modern, riesengroß und stark verschmutzt ist. Es braucht seine Zeit, bis man ihren Charme entdeckt hat. Auch wenn die Modernisierungspolitik der Pahlawi sowie Grundstücks- und Immobilienspekulationen dazu führten, dass viele der alten Häuser und so gut wie alle der prächtigen, fayencegeschmückten Tore, welche einstmals die Stadt zierten, verschwunden sind, bleiben immer noch zahlreiche Bauwerke, die einen Besuch wert sind. Darüber hinaus besitzt die Stadt eine große Anzahl an Museen und große Parkanlagen, wo die Einwohner sich an heißen Sommerabenden gerne aufhalten. Hier können nur die wichtigsten Sehenswürdigkeiten aufgeführt werden, für weitere Hinweise seien die entsprechenden Reiseführer empfohlen.

Tourismusbüro
Khiaban-e Vali Asr,
zwischen der Motahhari- und der Dr. Beheschti-Straße gelegen
Tel./Fax: 021-871 31 90

Moschee des Imam

Im 19. Jahrhundert inmitten des großen Basars erbaut und von vielen Kaufleuten besucht. Sie ist mit schönen Keramikkacheln in sieben Farben, den so genannten *haft rangi*, ausgestattet, deren Muster besonders geschmackvoll sind.

Großer Basar

Wenn auch nicht der schönste, so doch der größte Basar im ganzen Iran mit dem bedeutendsten Teppichmarkt. Im Süden der Stadt bedeckt er mehr als einen Quadratkilometer an Grundfläche und ist es wert, dass man einen halben Tag dort verbringt, am besten am Vormittag, denn manche Stände sind ab der Mittagszeit geschlossen.

Golestan-Palast

In der Mitte einer ganzen Abfolge von Palästen erbaut und unter Schah Fath Ali vollendet. Er war der Krönungspalast der letzten persischen Herrscherdynastien. Seine Ausstattung ist ein merkwürdiges Stilgemisch, was auch auf die ausgeprägte Vorliebe von Schah Naser od-Din für europäische Lebensart zurückzuführen ist.

Pahlawi-Paläste von Sa'd Abad

An den Hängen über der Stadt inmitten riesiger Gärten gelegen. Sie vermitteln überraschende Einblicke in das Leben eines Hofs, der sich ganz der technischen Modernisierung verschrieben hatte.

Archäologisches Museum

Die ausgestellten Museumsstücke geben einen Überblick über die gesamte Geschichte des Landes. Wer sich für Kultur und Alltag zur Zeit der Achämeniden und Sassaniden interessiert, sollte einen Besuch keinesfalls versäumen. Skulpturen, Reliefs, glasierte Ziegel und Fayencekacheln sind in angenehmen, lichtdurchfluteten Räumen ausgestellt. Das Gebäude selbst stammt aus den dreißiger Jahren.

Teppichmuseum

Das 1977 eröffnete Museum besitzt eine äußerst kostbare Sammlung, deren älteste Stücke aus dem 15. und 16. Jahrhundert stammen. Fast alle Typen persischer Teppiche sind dort zu sehen, so dass ein hervorragender Einblick in die Vielfalt und den Reichtum persischer Teppichkunst möglich ist.

Museum Abgine

Das sehr reizvolle Gebäude, in dem eine großartige Sammlung von Keramiken und alten Gläsern aus dem zweiten Jahrtausend v. Chr. bis ins 13. Jahrhundert n. Chr. ausgestellt ist, wurde Anfang des 20. Jahrhunderts von einem Privatmann errichtet. Das Haus wurde unlängst geschmackvoll renoviert und liegt in einem angenehm schattigen Park.

Kunstmuseum

Das Museum gehört zu den Bauten von Sa'd Abad und zeigt eine Sammlung von hervorragenden Gemälden aus dem 18. und 19. Jahrhundert. Sie sind im typischen Stil der Kadscharen gemalt, in dem sich westliche Einflüsse mit den blumenverzierten und ornamentreichen Traditionen der persischen Miniaturmalerei vermengen.

Darake

Das alte, an einem Berghang gelegene Dorf, das inzwischen von den Ausläufern der Hauptstadt eingeholt wurde, hat seinen eigenen Charme bewahrt. Die breiten Autostraßen weichen plötzlich schmalen Maultierpfaden, welche sich an Gebirgsbächen entlangschlängeln. Eine von vielen Teheranern – die mit Vorliebe Ausflüge in die Berge unternehmen – gerne besuchte Idylle. Zahlreiche Restaurants an den Ufern des Wildwassers laden zu erholsamer Rast ein.

Yazd

Die Wüstenstadt hebt sich kaum von ihrer Umgebung ab – wären da nicht die *badgir,* hohe Windtürme zur Belüftung ihrer Häuser, die über den flachen Dächern aufragen. Nur dank dieser früh erfundenen Klimaanlagen konnten die Bewohner jahrhundertelang die unerträglich heißen Temperaturen im Sommer überstehen. Yazd gilt nach Isfahan als die schönste Stadt im Iran und besitzt mit ihren schmalen Gassen einen spröden, geheimnisvollen Charme.

Tourismusbüro
Meidan-e Azadi,
Khiaban-e Ayatollah Taleqani
Tel.: 0351-4 71 11, Fax: 0351-4 71 15

Masdsched-e Dscham'e

Das aus dem 14. Jahrhundert stammende Bauwerk beeindruckt durch sein großes, mit dunkelblauen Kacheln geschmücktes Portal, das von zwei hohen Minaretten umrahmt wird.

Grabmal der Zwölf Imame

Das kleine Mausoleum aus dem 12. Jahrhundert ist vergleichsweise gut erhalten und besitzt einen besonders interessanten Fries, der dreifach rund um die Mauern laufend die Namen der zwölf Imame des schiitischen Islam wiederholt.

Großer Ataschkade

In Yazd lebt die größte zoroastrische Gemeinschaft des Landes – zusammen mit Bombay in Indien die letzte Bastion des Propheten Zarathustra, dem Nietzsche in seinem Buch ein spätes Denkmal gesetzt hat. In dem großen *atashkadeh,* dem Feuertempel der Stadt, der öffentlich zugänglich ist, brennt ein Feuer, dessen Flamme seit fast dreitausend Jahren nicht mehr erloschen ist. Eine der ältesten monotheistischen Religionen der Welt ist hier noch lebendig.

Türme des Schweigens

In die Türme außerhalb der Stadt, die oben nicht zugemauert sind, wurden früher von den Zoroastriern die Leichname zur Bestattung gebracht. Diese wurden dort von den Geiern zerfleddert. Heute werden sie nicht mehr genutzt und können besichtigt werden, vorausgesetzt die Besucher respektieren den religiösen Charakter des Orts.

Von links nach rechts:
Kultstätten der Zarathustra-Anhänger bei Yazd, in denen früher die Opfergaben für die Toten niedergelegt wurden.

Einer der beiden berühmten Türme des Schweigens nahe bei Yazd. Dorthin brachte die zoroastrische Gemeinde ihre Toten, die dann von Geiern zerfleddert wurden.

Geschmiedetes Ornament eines Gartentores in der Umgebung von Yazd.

Unten:
Blick in eine traditionelle Turnhalle, eine *zour khaneh,* wörtlich übersetzt Haus der Kraft. Die Männer üben dort mit schweren Holzkeulen und führen Bewegungen aus, die von den alten persischen Rittern entwickelt wurden.

Register

Zitatnachweis

Kapitel I: Pierre Loti

Aubry, F. Raoul, »Indiscretions littéraires«, in *Les Annales*, 12. Februar 1899: S. 11 (Vorspann).
Barthes, Roland, Vorwort zu *Aziyadé*, Paris 1987: S. 11.
Dieulafoy, Jane, *L'Orient sous le voile. Du Caucase à Persepolis*, Paris 1990: S. 12, 19.
Loti, Pierre, *Notes en Perse*, Bibliothèque nationale, Paris n.a.f. 1881: S. 14, 15.
Loti, Pierre, *Vers Ispahan*, Teheran 1974 (Nach der Ausgabe von Calmann-Lévy, Paris 1925): S. 11, 12, 14 (Bildunterschrift), 18, 19 (Bildunterschrift), 22, 23, 24, 25, 26, 27, 30, 31, 33, 36, 37, 39, 40, 44, 46, 49, 52, 54, 55, 58, 59, 61 (übers. v. Bernadette Ott).
Sykes, Major Percy Molesworth, *10 000 Miles in Persia or Eight Years in Iran*, London 1902: S. 12.

Kapitel II: Robert Byron

Byron, Robert, *The Road to Oxiana*, London 1992: S. 65 (Vorspann und Bildunterschrift), 66 (Zwischentitel und Bildunterschrift), 69, 70, 75, 76, 77, 80 (Bildunterschrift), 81, 82, 86, 89, 93, 94, 96, 97, 98, 99, 100, 101, 104, 105, 106.
Byron, Robert, *Letters Home*, London: S. 70 (Zwischentitel), 77–80, 94, 106.
Hafis, Muhammad Schams ad-Din, *Gedichte aus dem Diwan*, Stuttgart 1972: S. 86 (Zwischentitel).
Sykes, Christopher Hugh, *Four Studies in Loyalty*, London 1946: S. 65, 66, 69, 88, 96.
Sykes, Major Percy Molesworth, *10 000 Miles in Persia or Eight Years in Iran*, London 1902: S. 86.

Kapitel III: Annemarie Schwarzenbach

Maillart, Ella, *Flüchtige Idylle*, München 1995: S. 109, 121 (Zwischentitel und Text), 136 (Zwischentitel), 147.
Mann, Erika, *Briefe und Antworten*, Band I (1922–1950). Herausgegeben von Anna Zanco , München 1984. Brief an Klaus Mann, 1. 12. 1934: S. 136.
Sackville-West, Vita, *Eine Frau unterwegs nach Teheran*, Frankfurt am Main 1993: S. 115.
Schwarzenbach, Annemarie, Brief an Klaus Mann vom 3. 4. 1934, in: A.S., *Wir werden es schon zuwege bringen, das Leben*, Pfaffenweiler 1993: S. 119.
Schwarzenbach, Annemarie, *Das glückliche Tal*, Frauenfeld 1987: S. 134 (Bildunterschrift), 140 (Zwischentitel), 143 (Zwischentitel), 147 (Bildunterschrift), 148 (Bildunterschrift), 151.
Schwarzenbach, Annemarie, *Tod in Persien*, Basel 1995: S. 124 (Bildunterschrift), 134, 136, 138, 141, 142, 143, 147 (Bildunterschriften), 148 (Bildunterschrift).
Schwarzenbach, Annemarie, *Winter in Vorderasien. Tagebuch einer Reise*, Zürich 1934: S. 110, 112, 113, 114, 115, 119 (Zwischentitel und Text), 120, 121 .

Bibliografie

Barthes, Roland, Préface de *Aziyadé* de Pierre Loti, Paris 1987.

Byron, Robert, *The Road to Oxiana*, London 1992. (Originalausgabe: London 1937)

Chardin, Jean, *Voyage de Paris à Isphahani*, Paris 1983.

Dieulafoy, Jane, *L'Orient sous le voile. De Chiraz à Bagdad*, Paris 1990.

Dieulafoy, Jane, *Une amazone en Orient. Du Caucase à Persepolis*, Paris 1990.

Georgiadou, Areti, *Annemarie Schwarzenbach – Das Leben zerfetzt sich mir in tausend Stücke*, München 1998.

Gropp, Gerd, *Archäologische Forschungen in Khorasan, Iran*, Wiesbaden 1995.

Hafis, Muhammad Schams ad-Din, *Gedichte aus dem Diwan*, Unesco-Sammlung repräsentativer Werke. Asiatische Reihe. Ausgewählt und herausgegeben von Johann Christoph Bürgel, Stuttgart 1972.

Halm, Heinz, *Der Schiitische Islam*, München 1998.

Hourcade, Bernhard / Mazurek, Hubert / Papoli-Yazdi, Mohammad-Hosseyn / Taleghani, Mahoud, *Atlas d'Iran*, Paris 1998.

Lewis, Bernhard, *Der Atem Allahs*, München 1998.

Loti, Pierre, *Nach Isfahan*, aus dem Französischen von Dirk Hemjeoltmans, München 2000.

Maillart, Ella, *Flüchtige Idylle. Zwei Frauen unterwegs nach Afghanistan*, aus dem Englischen von Carl Bach. Mit einem Nachwort über Annemarie Schwarzenbach von Roger Perret, München 1995.

Omar Chajjam, *Wie Wasser im Strom, wie Wüstenwind. Gedichte eines Mystikers*, zweisprachige Ausgabe. Herausgegeben von Khosro Naghed. Übersetzt nach der Bodley'schen Handschrift von Walter von der Porten, Meerbusch 1992.

Rashad, Mahmoud, *Iran*, Köln 1998.

Sackville-West, Vita, *Eine Frau unterwegs nach Teheran. Eine Reiseerzählung*, aus dem Englischen von Irmela Erckenbrecht, Frankfurt am Main 1993.

Schmitt, Yvonne, *Reiseland Iran*, Moers 1993.

Schwarzenbach, Annemarie, *Das glückliche Tal*, mit einem biographischen Nachwort von Charles Linsmayer, Frauenfeld 1987.

Schwarzenbach, Annemarie, *Tod in Persien*, mit einem Essay von Roger Perret, Basel 1995.

Schwarzenbach, Annemarie, *Winter in Vorderasien. Tagebuch einer Reise*, Zürich 1934.

Schwarzenbach Annemarie, *»Wir werden es schon zuwege bringen, das Leben«. A. S. an Erika und Klaus Mann. Briefe 1930-1942*, herausgegeben von Ute Fleischmann, Pfaffenweiler 1993.

Schwarzenbach, Annemarie, *Bei diesem Regen. Erzählungen*, mit einem Nachwort von Roger Perret, Basel 1989.

Schweitzer, Gerhard, *Iran – Drehscheibe zwischen Ost und West*, Stuttgart 1991.

Stodte, Claudia, *Iran, Edition Erde Reiseführer*, Bremen 1999.

Streetway, Paul, *Iran*, Melbourne 1998.

Sykes, Christopher Hugh, *Four Studies in Loyalty*, London 1946.

Wiesehöfer, Josef, *Das frühe Persien. Geschichte eines antiken Weltreichs*, München 1999.

Winkler, Kirsten, *KulturSchock Iran. Andere Länder, andere Sitten*, Bielefeld 2000.

Ein ganz besonderer Dank gilt:
Rosa Montazami für ihre großzügige Gastfreundschaft

Ali Matin, seinem Alter Ego Matinatomic
und seinem Assistenten Farhad Baham Moradian,
Hilda & Ouman Hakak, Kapten Reza
BelakQassem Hashemi Nejad, den Familien
Vafadari & Montazami, Marie Perrin
Herrn Bashiri von der Fluggesellschaft Iran Air für
seine freundliche Unterstützung
Herrn Shiravi vom iranischen Ministerium von Ershad
den Botschaftern Frankreichs und Italiens für
die Erlaubnis, in ihren Residenzen fotografische Aufnahmen zu machen
Herrn Gastpar vom Schweizerischen Literaturarchiv, Bern
Carole Bonstein, Nathalie de Saint-Phalle, Dominique Miermont
D. Lindy Grant von der Conway Library, London
Patrick und den Mitarbeitern von Mappemonde
Gaby Scaon und Jean-Pierre Mélot vom Museum Pierre Loti,
Marc Potel für die Abzüge fotografischer Aufnahmen von Pierre Loti

sowie allen, denen wir während unserer Reisen begegnet sind und
die uns mit freundlichem Rat weitergeholfen haben.

Für die Überprüfung der Städte- und Personennamen
in der deutschen Ausgabe dankt der Verlag
Frau Dr. Christl Catanzaro vom Institut für Geschichte und Kultur
des Nahen Orients sowie Turkologie der Universität München.

Bildnachweis

(o = oben, u = unten, r = rechts, l = links)

© AKG Paris: 7, 8, 153;

© Bern, Archives littéraires suisses: 109 or, 110 ol, 118, 121 r, 132, 134 ul, 135, 138 ul, 140 ul, 143 l, 148 l, 148 r;

© Rechte: in Al Gayel, *L'art persan*, 1978: 30 ul;

© Rechte/Cultural Research Bureau/Cultural Heritage Organization: 55 or, 61 ur;

© Hachette: 11 or, 14 ur, 59, 60, 69 r, 97 ol, 110 ul;

© London, Lenare, British Library: 65 or;

© London, Conway Library, Courtauld Institute of Art: 82 ul, 89 l, 93 or, 93 ur, 97 or;

© Rochefort, Maison de Pierre Loti: 24 l, 36 ul, 40, 49 ur.

Titel der Originalausgabe: *La Perse des Écrivains Voyageurs*
Fotografien: Alexandre Bailhache / Text: Frédéric Ramade
Erschienen bei Les Editions du Chêne – Hachette Livre 1999

Die Deutsche Bibliothek - CIP-Einheitsaufnahme
Ein Titeldatensatz für diese Publikation ist bei Der Deutschen Bibliothek erhältlich

Deutsche Erstausgabe

Umschlagabbildungen (hinten, von oben):
Pierre Loti, © Hachette
Robert Byron, © Lenare, British Library, London
Annemarie Schwarzenbach, © Archives littéraires suisses, Bern

Gestaltung: Nancy Dorking
Satz: satz & repro Grieb, München
Printed in France by Pollina

ISBN 3-89660-077-X